누구에게도 지지 않는 법을 알려준다!

일러스트로 바로 이해하는

가장 쉬운
손자병법

나가오 카즈히로 감수 | 서희경 옮김

더퀘스천

2500년 전 손자병법이
21세기에도 도움이 될까?

지금으로부터 2500여 년 전 중국 춘추시대에 태어나 오나라의 왕을 섬긴 손무가 쓴 《손자》는 가장 오래된 최강의 병법서입니다.

'2500년 전에 쓰인 고전이 21세기 우리에게 도움이 될까? 전쟁하는 것도 아닌데 전쟁을 위한 병법서가 무슨 소용이 있는가'라고 의심하는 분도 계실 것입니다.

하지만 《손자》는 시대의 변화를 넘어 오랜 세월 동안 동서양을 막론하고 계속 읽히고 꾸준하게 평가되어 온 만큼, 그 가치를 인정받고 있으며 21세기에도 응용할 수 있는 주옥같은 지혜가 담겨 있습니다.

손자는 병법서이기 때문에 전쟁에 유용한 것은 물론이고, 비즈니스 세계에서 주목할 만한 성공을 거둔 쟁쟁한 경영자들이 《손자》로부터 영향을 받았다고 말합니다.

하지만 고전은 읽기가 난해하여 이해하기 힘들다고 말하는 사람들도 많을 것입니다. 그래서 《일러스트로 바로 이해하는 가장 쉬운 손자병법》은 손자병법에서 정수만 추출하여 현대 비즈니스에 도움이 될 만한 지혜와 사고를 보기만 해도 배울 수 있도록 하는 데 목적을 두었습니다.

이 책을 보고 흥미가 생기고 나면, 고전 《손자》 읽기에 도전해 보는 것도 좋을 것입니다. 지금까지 《손자》는 읽기 어려워서 꺼려진다고 생각했다면 먼저 이 책을 보는 것을 권하고 싶습니다.

저는 30년 이상 경영 컨설턴트로서 비즈니스 현장에 몸담아 오면서, 현대 기업경영에 손자병법을 어떻게 응용할 것인지 연구해 온 '손자병법가'입니다. 하지만 아무리 대단한 가치가 있다 해도 기원전 전쟁에 관해 쓴 《손자》를 현대어로 옮기는 것만으로는 비즈니스에 응용하기가 쉽지 않습니다. 그래서 저는 손자가 현시대를 사는 경영 컨설턴트라면 독자 여러분들에게 어떻게 조언할지 전달하는 것이 중요하다고 생각했습니다.

이 책을 통해 《손자》의 고전적 해설이 아닌 현대식 해석과 응용 방법을 즐기시길 바랍니다.

나가오 카즈히로

일러스트로 바로 이해하는
가장 쉬운 **손자병법**

Contents

chapter 1
패배하지 않으려면
준비하라

chapter 2
승부에 유리한
작전

chapter 3
싸움에 지지 않는 원칙

chapter 4
지지 않는 조직
만들기 🧍🧍🧍

chapter 7

정보를 제압하는 사람이 승부를 제압한다

'손자병법'이란?

손자병법은 고대 중국의 무장 손무가 지은《손자》에 소개된 '전쟁의 기술'입니다.

손무는 기원전 5세기 사람으로 오나라를 이끈 명장으로 평가받고 있습니다. 손무가 살았던 시기는 역사상 춘추시대였으며, 중국 전역에서 크고 작은 나라들이 서로 뒤엉켜 싸우는 전쟁이 거듭되었습니다.

이 시기에는 원래 전쟁에 관련한 특별한 전략이 없었고, 운에 의해 승패가 갈리는 경우가 많았다고 합니다. 병사 개개인의 용맹함이 국가적 차원의 전쟁보다 더 중요했습니다.

하지만 시간이 흐르면서 전장의 범위가 넓어지고 전투 기간이 길어졌으며 운용하는 병사의 수도 증가했기 때문에 견실한 사고방식을 토대로 싸우는 것이 중요해졌습니다.

그런 가운데 손무는 이전에 일어난 전쟁 사례들을 분석하여 '싸움 속에서 무슨 일이 일어났기에 이겼는가(혹은 졌는가)'를 법칙으로 정리한 책을 집필했습니다. 이것이《손자》입니다.

《손자》를 읽은 사람은 운에 맡기고 싸우는 것이 아니라 '손자병법'에 따라 전략을 세우고 싸울 수 있게 되었습니다.

이러한 배경을 바탕으로 탄생한《손자》에는 기지가 넘치는 비결들이 가득하기에 최강의 병법서라고 인정받고 있습니다.

《손자》의 저자
손무는 누구인가?

　《손자》의 저자 손무는 제나라에서 태어났습니다. 젊은 시절부터 과거에 일어난 전쟁을 연구하고 병법을 익혔으나, 손씨 가문이 정치 문제에 휘말리면서 가족을 따라 오나라로 이동합니다. 그리고 자신과 비슷한 처지로 갈등을 피해 오나라로 옮겨온 오자서라는 인물을 만납니다. 오자서는 원래 초나라 중신 집안 출신이었으나, 아버지와 형이 초나라 왕의 노여움을 사 처형되자 복수를 기약하며 오나라로 건너 온 것이었습니다.

　손무는 오자서로부터 재능을 인정받아 《손자》를 집필하게 됩니다.

　오자서는 오왕 합려에게 《손자》를 바쳤고, 군대를 맡길 핵심 인재로 손무를 적극 추천하였습니다. 손무를 만난 오왕은 그의 기재를 인정하고, 손무는 오나라 군대의 규율과 기강을 확립하며 군을 강화합니다.

　기원전 506년, 오와 초나라 사이에 전쟁이 발발했고, 손무의 양동작전이 성공하면서 오나라는 몇 배 이상의 전력을 가지고 있던 초를 상대로 승리를 거둡니다. 이로 인해 손무의 명성은 천하에 울려 퍼졌습니다. 손무에게 출세의 길을 열어준 합려였지만, 손무의 의견을 듣지 않아 월나라에게 패배하였고 부상을 입어 결국 사망합니다. 이후 손무는 오자서와 함께 합려의 아들 부차를 보좌해 국력을 충실히 키우고 주변국을 압도하는 힘을 쌓아갑니다. 무장 겸 책사로서 활약을 펼친 손무였지만, 이 이후의 행적은 알려지지 않고 있습니다. 일설에는 음모에 의해 스스로 사직했다고도 하고, 은거하면서 병법서를 썼다고도 하지만 확실한 것은 알 수 없습니다.

'손자병법'은 왜 현대에도 유용한 전략서인가?

손무는 기원전 5세기 인물로 알려져 있습니다. 즉, 손자병법은 2500년 전에 만들어진 것입니다. 그런 먼 옛날에 만들어진 병법이 지금도 많은 사람들로부터 지지를 받고 있는 이유는 무엇일까요?

그 이유 중 하나로 '손자병법은 다양한 문제에 대응하는 원리원칙을 다루고 있기 때문이다'를 꼽습니다. 손자 시대에는 IT기술은 물론 현대에서 사용되고 있는 기술의 대부분이 존재하지 않았으며, 사회 제도에도 큰 차이가 있습니다. 하지만 인간의 본성은 변하지 않았습니다.

손자병법에서 배우고 익힌 것은 사람간의 경쟁에서도 요긴한 원리원칙이 됩니다. 인간의 본질은 어느 시대나 변하지 않기 때문에 손자병법의 원리원칙은 아무리 기술이 진보하고 사회가 변화해도 통용된다고 할 수 있습니다.

손자병법을 배우면 인생에서 일어나는 많은 문제를 해결할 수 있게 됩니다. 그렇기 때문에 현재까지 《손자》는 중국이나 한국, 일본뿐만 아니라 유럽과 미국 전역에서도 지지를 받고 있습니다.

손자병법을 우리 문제에 응용하기 위해서는 손자가 말하고자 하는 이론을 우리 자신에게 제대로 접목시켜야 합니다. 즉, 고대 중국의 병법을 현대에도 사용할 수 있는 기술로 변환하는 것이죠. 이 책은 그러한 사고 과정에 많은 도움이 될 것입니다.

'손자병법'은 비즈니스에 있어
최강의 전략 교과서이다

고대 중국에서 탄생한 병법서《손자》는 중국에서 활동하고 있던 선교사에 의해 유럽에 알려지면서 중국뿐만 아니라 전 세계에서도 읽혀지게 됩니다. 문화적으로 중국의 영향을 받았던 일본에는 유럽보다 먼저《손자》가 전해졌는데, 716년 중국에 건너간 견당사 기비노 마키비(吉備真備)가 처음으로 일본에《손자》사본을 가져온 것으로 보입니다.

이러한 과정을 거쳐 중국 밖에도《손자》는 영향을 미치게 되었고, 세계적으로 손자병법 신봉자들이 생겨났습니다. 그 중에는 성공한 사업가들도 포함되어 있습니다.

마이크로소프트의 창업자 빌 게이츠나 소프트뱅크 그룹의 창업자 손정의는《손자》를 자신의 기업 경영에 적용하고 있다고 공언합니다. 이들 이외에도 페이스 북의 창업자 마크 저커버그, 아사히 맥주의 전 명예고문 나카죠 다카노리 등 다수의 경영자들이《손자》의 영향을 받았다고 이야기 합니다.

비즈니스 세계에서 성공한 사람들에게 강력한 영향을 끼쳤다는 사실 자체로《손자》는 비즈니스 세계에서도 통하는 최강의 병법 교과서임을 증명하고 있습니다.

chapter 1

패배하지 않으려면
준비하라

학교 수업에 예습이 중요하듯,
업무도 사전 준비가 중요합니다.
손자는 하물며 사람의 목숨과 국가의 존망이 걸린 전쟁에서
만반의 준비를 하지 않으면 승리를 거둘 수 없다고 말합니다.

01

일상 속의 전쟁과 적에 대비하라

전쟁을 떠올리면 무섭다는 생각이 먼저 들지만, 사실 우리는 매일 싸우고 있습니다.
우리 일상에서 항상 일어나고 있는 전쟁에 관해 이야기해 보겠습니다.

현대를 사는 우리는 손자처럼 전쟁을 지휘하진 않지만, 일상에서 시험, 연애, 일
등 무언가를 열심히 하며 살고 있습니다. 전쟁과 마찬가지로 우리도 시간, 노력,
자본을 쏟아 부어가며 노력하고 있는 것이지요. 매일 반복되는 승부에서 결과를
얻으려면 이겨야 합니다. 손자병법에는 승리를 쟁취할 수 있는 방법이 많이 담겨
있습니다.

인내하고 노력한다

특히 비즈니스는 승부의 연속입니다. 동료와 승진을 두고 경쟁하는 것, 동종 업계 경쟁사보다 높은 매출을 올리는 것 등을 목표로 하기 때문입니다. 손자는 전투에서 이기는 방법보다 '패배하지 않는 것'이 우선이라고 했습니다. 이길 수 있는 싸움인지, 어떻게 해야 이길 수 있는지 사전에 심사숙고를 거듭하면서 완벽하게 준비해야 합니다. 그래야 운에 의지하지 않고 지지 않을 태세를 갖추게 되는 것입니다.

비즈니스는 전쟁의 연속

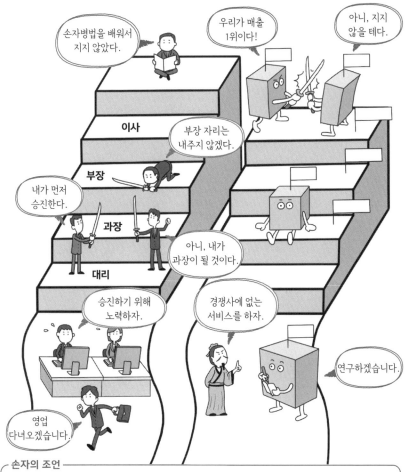

손자의 조언

전쟁은 나라의 중대한 일이며 피해갈 수 없다. 따라서 5가지 원칙을 근거로 연구하고 전세를 정확하게 파악해야 한다.

02

승부를 결정하는
5가지 원칙을 살펴라

비즈니스 현장에서 승리하려면 실제로 어떤 준비가 필요한지 알아보겠습니다.

손자는 승부를 결정하는 기준으로 '도(道) · 천(天) · 지(地) · 장(將) · 법(法)'을 꼽고 있습니다. 도(道)란 싸움의 명분. 즉 내부 직원들의 결속력을 높이고 외부의 협조를 얻기 위해 제시하는 슬로건이나 비전 등을 말합니다. 천(天)은 시대성을 의미합니다. 예를 들어 최근 부동산 업계에서는 건물에 AI 기술을 접목한 스마트 설비가 유행하고 있습니다. 비즈니스에서 이기기 위해서는 이러한 외부환경과 시류를 파악하여 계획을 세우는 것이 중요합니다.

싸우기 전의 진단 체크

손자의 조언
다섯 가지 원칙 '도(道)·천(天)·지(地)·장(將)·법(法)'을 아는 자가 승리한다.

지(地)는 산, 강과 같은 지형을 말하며 싸울 장소를 생각하자는 뜻입니다. 비즈니스로 치면 경쟁 환경을 의미하는 것으로 자신의 위치와 능력을 살릴 수 있는 곳인지 따져봅니다. 장(將)은 리더십을 말합니다. 부하직원뿐만 아니라 자기 자신을 이끌어가는 리더로서 신념을 지키는 것이 중요합니다. 마지막으로 법(法)은 지켜야 할 규정입니다. 평소 생활 습관부터 개선하기 위한 계획을 정하고 지키도록 노력해야 합니다.

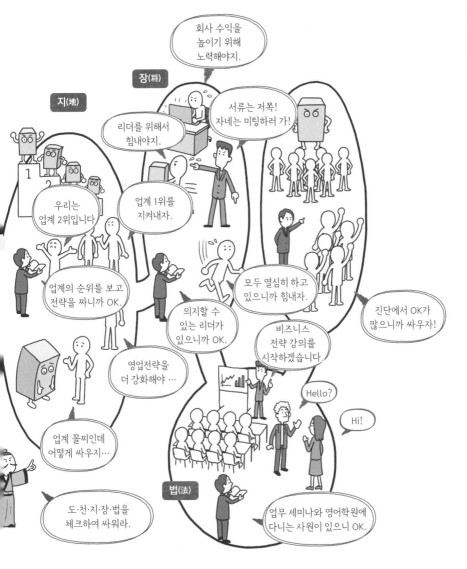

03

적이 없는 길로 가라

어떤 분야든지 경쟁자가 많으면 많을수록 살아남기 힘듭니다.
그럼 어떤 식으로 싸워야 할까요?

창업을 목표로 하는 청년에게 손자는 '우선 승부를 걸고자 하는 업계에 관한 조사가 필요하다'라고 말합니다. 어느 정도 규모가 큰 업계에는 반드시 강한 경쟁사가 있습니다. 예를 들어 요식업계에서 합리적인 가격대의 점포를 내고 싶은 경우, 패스트푸드, 한식, 중식, 일식, 분식 등 동일 가격대의 체인점과 싸우지 않으면 안 됩니다.

동종업계 경쟁사 현황을 조사한다

손자는 '천릿길을 행군해도 아군이 피로하지 않은 것은 적군이 없는 지형으로 전진하기 때문이다'라고 말합니다. 적이 바로 출동할 수 없는 곳으로 진격하거나, 적이 예상하지 못한 장소를 공격한다는 것입니다. 적의 방어가 견고한 곳을 공격하면 손해만 키울 뿐입니다. 효율적으로 승리하기 위해서는 적이 없는, 즉 아무도 시도하지 않는 서비스나 마케팅을 시행하는 것이 철칙입니다.

새로운 서비스가 승리의 철칙

─ 손자의 조언 ─
천릿길을 행군해도 피로하지 않은 것은 적군이 없는 곳을 골라 전진하기 때문이다.

KEY WORD ☑ 절박함

지지 않을 준비

04 위기에 몰아넣어라

손자의 패배하지 않는 전략 중에는 굳이 위험을 안고 싸울 것을
권하는 부분도 있습니다. 그 속에 담긴 뜻은 무엇일까요?

프로젝트의 리더에게 손자는 '때로는 부하를 궁지에 몰아넣는 것도 중요하다'라
고 조언합니다. 요즘 시각으로 보면 갑질 상사라고 비난할지도 모릅니다. 물론
과해서는 절대 안 됩니다. 손자가 말하고자 하는 바는 '사람은 부담 속에서 필사
적으로 될 수 있고, 자신도 몰랐던 힘을 발휘할 수 있다'는 것입니다. 즉, 절박한
상황에 몰리면 엄청난 힘을 끌어낼 수 있다는 의미입니다.

절박한 상황에서는 초인적인 힘이 발휘된다

예를 들어 직장이 전혀 부담 없고 편안한 환경이라면, 향상심이 생기지 않고 최소한의 업무 외에는 하지 않게 될 것입니다. 그래서 때로는 나를 몰아붙이는 압박감을 가지고 업무에 임하는 것이 중요합니다. 중압감을 극복하고 위기를 이겨내는 과정을 통해 자신감이 높아지고, 그러한 성공 경험이 쌓여 실력 향상으로 연결됩니다.

자신을 몰아세움으로써 실력을 높인다

┌─ 손자의 조언 ───
위기에 빠져야 비로소 승패를 가르는
싸움을 할 수 있다.

지지 않을 준비

05

지지 않을 확률을 높여라

누구나 가능하다면 모든 승부에서 이기고 싶기 마련입니다.
이기기 위해서는 지지 않을 확률을 높여야 합니다.

손자는 승부에 대해서 '적을 알고 아군을 알면 100번 싸워도 위태롭지 않다. 아군을 알고 적을 모르면 승패는 반반이다. 적을 모르고 아군도 모르면 반드시 위태로워진다'라고 말합니다. 여기서 주목할 것은 상대와 자신의 상황을 알면 반드시 이긴다고 말하지 않습니다. 승부에 절대는 없습니다. 싸움에서는 무리하게 승리를 바라기보다 먼저 지지 않는 체제를 갖추는 것이 중요합니다.

지지 않기 위한 승패 표

승패: 이기거나 지거나   승패: 위태하지 않음   승패: 위태해짐

22

예를 들어 취업 면접을 본다고 가정해봅시다. 지원동기를 묻는 면접관에게 엉뚱한 답변을 하면 당연히 불합격하게 됩니다. 미리 희망하는 회사에 관해 철저하게 조사하고, 자신의 장단점, 자신 있는 업무 분야나 특기 등을 파악해 두면 자신의 매력을 알릴 수 있습니다. 적을 알고 나를 아는 것은 비즈니스에서도 중요한 준비라고 할 수 있습니다.

상대를 알고 자신을 아는 면접

손자의 조언

상대를 알고 자신도 알면 100번 싸워도 위태롭지 않다. 상대를 모르고 자신을 안다면 승패는 반반이다. 상대를 모르고 자신도 모르면 반드시 위태로워질 것이다.

06
전투에 임하는 마음가짐 ①

하루의 대부분을 보내고, 결과물을 보여줘야 하는 회사는 확실히 전쟁터라고
말할 수 있습니다. 회사에서 살아남기 위해 어떤 마음가짐이 필요한 것일까요?

회사는 조직입니다. 많은 사람이 연관되어 있고, 상사로부터 다양한 지시가 내려
집니다. 만약 자신의 판단과 다른 결정이 내려졌다면 손자는 이렇게 말할 것입니
다. "나의 판단이 받아들여지지 않으면 이 땅을 떠나겠다." 극단적이라고 생각하
겠지만, 이것은 손자가 자신의 판단을 채택할 것인지 결정할 당시 왕에게 한 말
입니다. 손자는 일에 대해 강한 신념을 가지고 있었고, 상대가 왕이라 해도 신념
을 굽히지 않고 관철했습니다.

일에 대한 신념을 가진다

회사에서는 협조성도 중요합니다. 때로는 상사의 의견에 맞춰야 할 때도 있겠죠. 하지만 항상 남에게 휩쓸려 자신의 신념을 굽히면 계속 질 수밖에 없습니다. 게다가 일에 대한 열의가 주위에 전해지지 않고 '적당히 일하는 사람'으로 인식될 수도 있습니다. 일에 대해서는 신념을 가지고 임하고, 주변 방식에 위화감을 느끼면 자신의 의견을 개진해보는 것도 필요합니다.

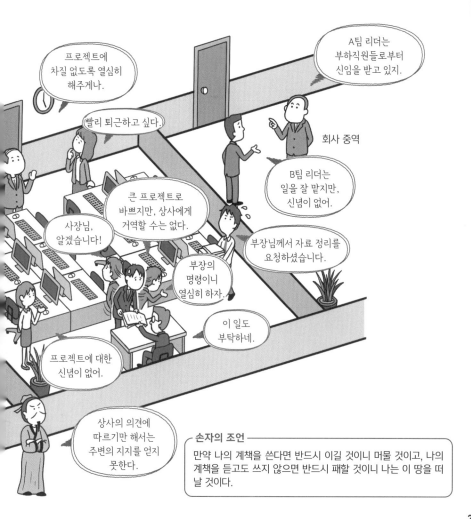

지지 않을 준비

07

전투에 임하는 마음가짐 ②

'일로 이기기' 위해서는 사전에 몇 가지 준비해 둘 것이 있습니다.
그중 하나가 '승리의 조건'을 갖추는 것입니다.

손자는 '상대방보다 승산이 높으면 이기고, 낮으면 진다. 하물며 승산이 하나도 없다면 말할 필요도 없다'라고 하였습니다. 당연한 말 같지만, 실제로 손자 시대에는 승산이 없음에도 불구하고 승부에 도전하는 일이 있었습니다. 적군과 아군을 비교해서 만약 패배할 요소가 있다면 극복하고 승산을 높일 준비를 해야 합니다.

싸움의 승산을 높인다

많은 스포츠 선수들은 경기 전에 이미지 트레이닝을 충분히 합니다. 자신이 승리하는 이미지를 반복해서 상상하면 실제 능력으로 발휘될 가능성이 높기 때문입니다. 적의 전략을 읽고, 자신의 약점은 연습을 통해 극복합시다. 내 안에 있는 패배의 원인을 없애는 것이 이미지 트레이닝의 비결입니다. 손자는 모든 전투를 가정하고 이기는 이미지가 생길 때까지 준비하는 것이 중요하다고 말합니다.

패배의 원인을 극복하는 이미지 트레이닝

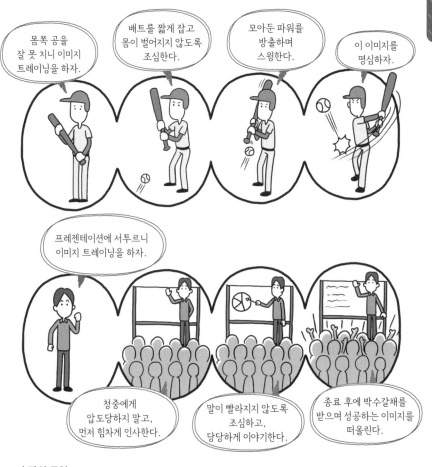

손자의 조언 ─
상대방보다 승산이 높으면 이기고, 낮으면 지는 법이다. 하물며 승산이 하나도 없다면 말할 필요도 없다.

지지 않을 준비

08

어떤 싸움도 만만하게 보지 말라

항상 반복되는 일을 하다 보면 때로는 적당히 하고 싶어질 때도 있습니다.
하지만 주의하지 않으면 예상치 못한 실수가 발생할 수 있습니다.

평소 대수롭지 않게 하던 일에서 생각지도 못한 실수를 했다거나, 자신보다 약하다고 생각한 상대에게 져본 경험이 한 번쯤은 있었을 것입니다. 손자는 '생각 없이 적을 얕잡아보는 자는 포로가 될 것이다'라고 말합니다. 다시 말해 방심은 큰 적이라는 뜻입니다. 방심하면 예상치 못한 곳에 걸려 넘어질 수 있기 때문에 주의가 필요합니다.

간단한 작업일수록 실수가 일어나기 쉽다

원래 방심은 마음의 해이함에서 생기는 것입니다. 운전을 예로 들어보면, 운전 면허증을 취득했을 당시에는 조심해서 운전하지만, 익숙해지면 서서히 긴장이 풀려 사고를 일으키기 쉬워진다고 합니다. 손자처럼 뛰어난 전략가는 매사를 신중한 자세로 임합니다. 방심이 자신의 강력한 적이 되지 않게 하려면 어떤 일이든 적당히 넘어가지 말고 진지하게 마주해야 합니다.

매사에 신중한 태도로 임한다

손자의 조언

제대로 따져보지 않고 적을 얕잡아 보는 자는 반드시 적의 포로가 될 것이다.

무엇을 위해 싸우고 있는가?

애초에 사람들은 왜 싸우는 것일까요? 목적이나 이유를 이해하지 않으면,
싸움에서 이겨도 의미가 없습니다.

손자는 전쟁의 의미를 생각해야 하는 중요함에 대해 '승리하여 적의 거점을 탈취
하여도 전쟁의 목적을 달성하지 못하면 무의미하다'라고 말하고 있습니다. 전쟁
을 벌이는 이유는 승부에 이김으로써 힘과 이익을 얻고, 더 나은 목적을 달성하
기 위함입니다. 비록 전쟁에서 승리하더라도 목적을 달성하지 못하면 모든 것이
허사가 되고 맙니다. 경쟁사를 이겨서 신사업에 착수하겠다는 등, 우선은 목적을
생각하고 나서 싸울 준비를 합시다.

싸움의 목적을 확실히 정한다

하지만 살다 보면 목적 없이 무작정 싸우거나, 싸우는 동안 진짜 목적을 잃어버리는 일이 있습니다. 예를 들어, 회사 동료들과 의기투합하여 사업 확장을 목표로 열심히 매진하던 중에 승진 경쟁으로 서로를 반목하게 되면 공동의 목적을 공유할 수 없게 됩니다. 눈앞의 승패에 너무 집착하지 말고, 목적을 달성하는 것에 우선을 두어야 합니다.

싸움의 목적을 잊어서는 안 된다

손자의 조언
적을 무찌르고 성을 탈취하여도 전쟁의 목적을 달성하지 못했다면 그 노고는 무의미하다.

싸우기 위한 준비란?

'손자병법'에는 싸우기 전에 준비를 완벽하게 해야 함의 중요성이 설명되어 있습니다. 사전에 검토해야 할 다섯 가지 원칙으로 '도(道)·천(天)·지(地)·장(將)·법(法)'을 들 수 있습니다. 현대에 적용하면 일에 대한 사명감, 시대·환경의 변화, 자신과 라이벌 간의 관계, 리더의 능력, 조직 운영 체계 등입니다. 준비 단계에서는 부하가 상사에게 자신의 의견을 주장하는 것도 중요하다고 말합니다. 부하직원 입장이라면 예스맨이 되어 마지못해 따르지 말고, 자신의 의견이 옳다고 생각하면 굽히지 않고 개진하는 것이 중요합니다.

'승산이 높으면 이기고, 승산 낮으면 이길 수 없다'라는 말도 있습니다. 승산이 높은 쪽은 실전에서도 이기고, 승산이 낮은 쪽은 실전에서도 패배한다는 뜻입니다. 즉, 싸우기 전의 준비 단계에서 이미 승패가 결정되고 있는 것입니다. 앞에서 서술한 다섯 가지 원칙을 토대로 철저히 검토하고 자신이 이길 수 있을지 없을지를 신중하게 판단합시다.

chapter 2

승부에 유리한 작전

승부에 이기기 위해서는
자신에게 유리한 작전을 세우고 싸워야 합니다.
어떻게 작전을 세우고,
실행하는 것이 좋을지 알아보겠습니다.

01 실전은 속도가 생명이다

'전쟁은 다소 미흡한 점이 있더라도 빨리 결말을 지어야 한다'라는 말은 익히 잘 알려져 있습니다. 완벽주의라면 귀가 아플 정도로 많이 들어 본 말일 수도 있습니다.

손자는 '다소 미흡한 점이 있더라도 재빨리 움직이면 이길 수 있다. 장기전으로 끌고 가서 성공한 일은 없다'라고 말합니다. '시간이나 노력을 들인 것에 비해서 성과가 미비하다'는 성실한 사람이나 책임감이 강한 사람이 자주 빠지는 딜레마 입니다. 그 기분은 이해하지만, 시간은 유한하기에 효율을 생각하지 않으면 결국 아무것도 달성할 수 없습니다. 설계가 너무 완벽하고 어려워서 아직 완성되지 않은 사그라다 파밀리아 성당(Templo Expiatorio de la Sagrada Familia)*처럼 말입니다.

시간을 비용으로 환산한다

시간은 비용이다. 예를 들어 회사에 다니면서 자격증 공부를 병행할 경우 합격이 늦어지는 만큼 비용이 많이 들게 된다.

언젠가 합격하면 좋겠다.

단기간에 승부를 결정지으면 여러 가지 낭비를 줄일 수 있다.

비용

합격했어!

비용

손자의 조언 ─────
전쟁은 다소 미흡한 점이 있더라도 재 빨리 끝내야 한다.

*안토니 가우디가 설계하고 직접 건축을 책임졌던 스페인 바르셀로나의 로마 가톨릭 성당으로 건축가가 사망한 후에도 완성되지 못하고 계속 진행 중이다.

우리네 근로 방식은 끝을 정해두지 않는다는 특징이 있습니다. 업무 시작 시간은 지키되 업무 마감 시간이 지켜지지 않는 것입니다. 또한 여러 개의 목표를 맞추느라 집중력이 분산되고 결국 장기화의 원인이 되기도 합니다. 우선순위를 정하여 최소한의 목표에 초점을 맞추면 시간 낭비를 막을 수 있습니다. 그러기 위해서는 일상적인 업무를 빠르게 정리하는 습관도 필요합니다.

마감을 정하고 승부를 겨룬다

월말까지 계약 10개를 따내자!

마감을 정하고 영업을 시작한다.

잘 부탁드립니다.

목표 달성을 위해 열심히 일한다.

슬슬 월 중순이다. 서둘러야 한다.

어떻게 하면 달성할 수 있을까?

마감에 맞추기 위해 전력을 다한다.

마감까지 목표를 달성하지 못하면 시간을 더 늘리는 작전을 짠다.

이번에는 기필코 월말까지 목표를 달성하자!

지지 않으려면 단기간에 이길 수 있는 상대를 고르는 것도 중요하다.

다시 한번 마감을 정하고 도전한다.

02

장기전은 백해무익하다

앞에서 다룬 '장기전이 국가에 이익을 가져온 일은 아직 없었다'는 많은 사례를 보건대 맞는 얘기라고 생각됩니다.

전쟁이 길어지면 길어질수록 많은 병사가 전사하거나 다치고, 군마는 피로해지며, 무기와 보급 수레는 분실되거나 부서집니다. 이를 조달하려면 막대한 돈이 들고, 나라 살림은 점점 어려워집니다. 적을 쓰러뜨리고 이익을 취하기 위해 시작한 전쟁이 어느새 자신의 목을 조이게 됩니다. 당연히 병사들은 전의를 상실하고 백성들조차 불만의 목소리가 높아져 내분이 일어날 수 있습니다.

길어질수록 본래의 목적을 잃는다

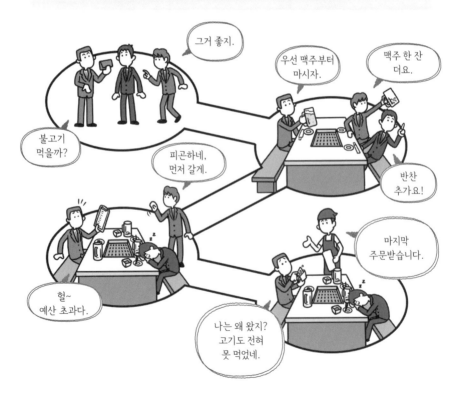

현대의 전쟁이나 사업도 본래 의도와 다르게 장기전이 되는 경우가 있습니다. 2003년에 시작된 이라크 전쟁은 군사비가 천문학적으로 불어나면서 부시 행정부에 큰 타격을 입혔습니다. 비즈니스로 말하자면 신제품 개발에 너무 많은 시간을 들인 나머지 출시하지 못하고 중단되면 결과적으로 회사 경영에 큰 타격을 줄 수 있습니다. 그래서 승부수를 띄울지 말지를 결정하기 전에 장기화 가능성 유무를 반드시 고려해야 합니다.

싸움이 장기화하면 피폐해진다

신제품 개발 과정에는 시간, 비용, 인력 등이 투입되지만, 도중에 중단되면 단 1원의 이익도 생기지 않는다.

적당한 선에서 싸움을 일단락 짓는 결단도 중요하다.

점점 피폐해져 간다.

자금 부족으로 개발 중지!

1년   2년   3년   4년   5년   6년   7년

┌─ 손자의 조언 ─
모름지기 전쟁이 장기화하여 국가에 이익을 가져온 일은 아직 없다.

37

적을 미워하지 않고
싸우는 것의 장점

유리한 작전

03

'지혜로운 장군은 적지에서 군량을 조달한다'라고 합니다.
좀 더 깊이 이야기해 봅시다.

전쟁으로 적지에 원정을 떠날 때는 군대와 함께 식량도 공수합니다. 손자가 살았던 시대에는 레토르트 식품은커녕 통조림조차 없었기에 취사를 위한 솥이며 가마도 필요했습니다. 그래서 손자는 '침공한 곳에서 음식을 구하라. 그리하면 효율이 두 배로 올라간다(적의 식량 1종을 먹는 것은 본국의 식량 20종에 해당하고, 적의 말먹이 1석은 아군의 20석에 해당한다)'라고 말합니다.

식량은 현지에서 조달하는 것이 좋다

손자의 조언
지혜로운 장군은 적지에서 군량을
조달한다.

동료와 승진을 놓고 경쟁하고 있다면, 개인적 원한이 없어도 상대가 잘하면 미운 마음이 들고 질투가 나는 것은 자연스러운 일입니다. 단, 감정에 휩쓸리면 지게 됩니다. 적의 식량, 즉 경쟁자의 뛰어난 점은 받아들여야 합니다. 상대의 방법을 잘 관찰하거나 솔직하게 물어보면서 적극적으로 도입해 봅시다.

경쟁자의 장점을 자기 것으로 만든다

유리한 작전

04

적의 자원을 이용하라

'적의 물자나 병력을 빼앗아 아군의 전력을 증강한다'라는 손자의 생각을 비즈니스에 적용하려면 어떻게 하면 될까요?

손자의 대단한 점은 오직 이기는 것에 끝나지 않고 '상대를 어떻게 받아들일 것인가'도 생각하는 것입니다. 상대의 소유물을 자신의 소유물로 한다는 것은 엄밀히 말하면 '탈취'지만 현대에 와서 이를 합법적으로 시행하는 것이 M&A(인수·합병)일 것입니다. 아마존, 삼성, 소프트뱅크 등 대기업에서는 이미 당연함을 넘어 M&A가 사업의 필수 요소가 되었습니다.

전리품으로 더욱 강해진다

손자의 조언
적을 이길 때마다 아군의 전력을 증강해 간다.

또한, 경쟁사가 개척한 새로운 사업 분야에 후발 주자로 참여하여 소비자의 인지도 및 판매 루트를 이용하는 기업 전략도 적의 자원을 이용하는 것이라고 할 수 있습니다. 그렇게 타사의 아이디어에 자사의 강점을 더하면 1+1=3이 되는 상승효과를 기대할 수 있습니다. '유용한 것은 적극적으로 도입한다' 그것이 손자식 사고방법입니다.

경쟁상대를 활용한다

유리한 작전

05

지혜롭게 싸우는 방법

모든 일에는 이로움과 해로움이 실타래처럼 얽혀 있습니다.
어느 쪽으로 풀려도 괜찮도록 준비해 두는 것이 중요합니다.

'지혜로운 사람은 반드시 이로움과 해로움을 함께 생각한다'라는 말은 중국의 오래된 음양 사상에 근거한 것입니다. 매사에는 반드시 양지와 음지(플러스와 마이너스, 장점과 단점)가 있기에 지혜로운 사람은 그 모두를 고려한다는 의미입니다. 하지만 보통 사람들은 한쪽만 보고 감정적으로 동요하다 보니 올바른 판단을 내리기가 쉽지 않습니다. 좋은 일도 나쁜 일도 영원히 계속될 수 없다는 진실을 기억합시다.

일에는 반드시 두 가지 측면이 있다

장점과 단점을 모두 따져보고 판단하는 것은 어려워.

── 손자의 조언 ──
충분히 생각하는 사람은 이익과 손실, 양면을 모두 고려한다.

일이 잘 풀릴 때는 특히 조심해야 합니다. 마이너스에서 플러스로 올라가는 것보다 위에서 아래로 떨어질 때 타격이 더 크기 때문입니다. 돈을 벌고 있을 때일수록 '어딘가에 구멍이 있을 것이다'라고 생각합시다. 단골로부터 갑자기 거래정지를 통보받는 등 예기치 못한 사태가 발생할 가능성도 염두에 두고 신중하게 일을 진행해야 합니다. 만일의 경우를 대비한 '플랜 B'를 준비해 두는 주도면밀함도 필요합니다.

미리 대비하면 걱정이 없다

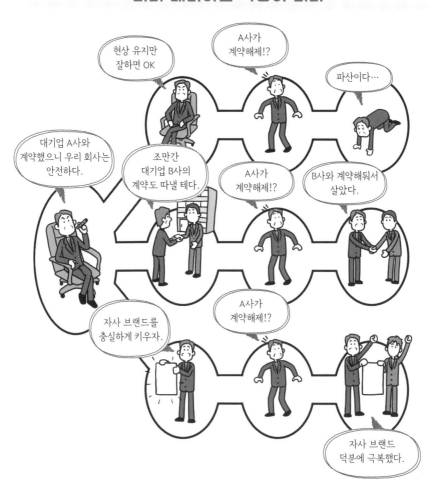

유리한 작전

06

자신만의 특기를 계발하라

'원정에는 제반 경비가 들기 때문에 충분한 자금이 필요하다'라는
당연한 말을 '인재'라는 관점에서 풀어보겠습니다.

당신이 잘하는 것은 무엇입니까? 자신밖에 못 하거나 다른 사람에게 지지 않을
만큼 자신있는 특기가 있습니까? 전문가라고 말할 수 있을 정도로 상세히 아는
분야가 있습니까? 이 질문에 즉시 답할 수 있다면 인재 가치가 높은 사람입니다.
사회는 항상 가치 있는 인재를 원하기 때문에 큰 기회를 잡을 가능성이 높습니
다. 그렇지 못하다면 다른 사람들 속에 묻힐 위험성이 있습니다.

특출난 능력·매력이 자신의 가치를 결정한다

'원정'을 해외 진출이라고 생각하면, 그것을 가능하게 하는 '자금'은 그 사람의 '강점'이라고 생각할 수 있습니다. 강점은 요컨대 자신이 잘하는 것으로 기술이나 지식, 경력, 어학 등을 생각할 수 있습니다. 그러나 손자의 '일일천금. 즉 원정을 나가려면 하루에 천금이 소비된다'라는 말처럼 부족한 실력으로 세계 진출은 어렵습니다. 국내 외국계 기업에서도 영어 구사력은 필수로 요구되기 때문에 '나의 영어 실력으로 무엇이 가능한가'를 신중하게 판단해야 합니다.

자신만의 무기로 싸운다

예를 들어, 영어를 잘하는 취업준비생이라면 자신의 영어 실력으로 어떤 일을 할 수 있는지 생각해야 한다.

— 손자의 조언 —
승부에서 중요한 것은 자신만의 특기와 전문적인 능력을 확실히 하는 것이다.

적을 유인하는 방법

유리한 작전 07

빈틈이 보이지 않는 적을 속여 매복하는 손자의 전략을 마케팅에 적용해 볼 수 있습니다.

적이 움직일 수밖에 없는 태세를 미리 갖추고, 좋아할 만한 먹이를 뿌리고, 몰려온 적을 섬멸하는 매복 전법이 있습니다. 이 전략을 사업 계획에도 활용할 수 있습니다. 샘플 상품으로 고객의 니즈를 만들어내고, 광고 등으로 고객을 유도합니다. 고객이 방문하는 장소에는 할인 행사, 이벤트 등의 장치를 만들어 놓고 기다립니다.

고객을 자사 제품으로 유도한다

예를 들어 무료 게임은 무료를 미끼로 사용자를 모으고, 모인 사용자를 수익이 나는 서비스로 유인한다.

다만, 지금은 모든 시장이 포화상태기 때문에 기업 단독으로 신규 수요를 창출하기가 어렵습니다. 그래서 사용자가 상품 홍보에 공헌하는 '네스카페 앰버서더'처럼 고객과 기업이 함께 진행하는 '공동 창조 마케팅'이 호응을 얻고 있습니다. 힘으로 상대를 때려눕히는 거친 육탄전을 지양하고, 적도 아군도 헛되이 해치지 않는 스마트한 두뇌전으로 손자의 이상에 가까운 마케팅 전략이라고 할 수 있습니다.

'네스카페 앰버서더'의 예

기업과 고객이 직접 소통하는 네스카페 앰버서더 서비스

회사 직원 중 한 명이 네스카페 앰버서더가 되어 커피머신을 무료로 대여한다.

커피 값은 네스카페 앰버서더에게 내면 되겠네.

내가 대표로 커피캡슐을 구매할게.

커피머신이 회사에 비치되면서 대화도 늘어난다.

커피를 싸게 마실 수 있으니 좋군.

08

'시간은 금이다'가 승리의 원천

매복하여 적을 공격하려면 적보다 먼저 도착해야 합니다.
시간 엄수는 비즈니스에서도 기본 중의 기본입니다.

'전장에 먼저 가서 적을 기다리는 군은 여유롭게 싸울 수 있다. 나중에 도착한 군은 고전을 면치 못한다'라는 당연한 말을 손자가 일부러 하는 데는 이유가 있습니다. 손자병법은 전쟁에서 지지 않는 것을 큰 원칙으로 하고 있습니다. 그러기 위해서는 확실한 정보수집과 완벽한 준비가 필요하기에 그만큼의 시간을 확보해야 합니다. 아슬아슬한 세이프라는 것은 존재하지 않습니다.

지지 않으려면 준비가 필수

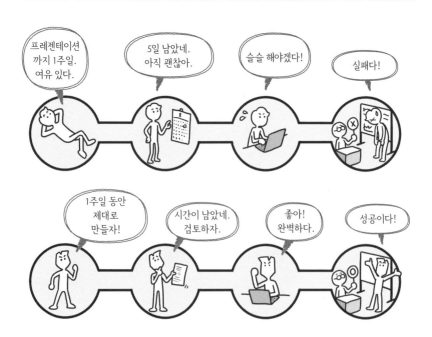

시간적 여유가 없으면 그만큼 선택지가 줄어듭니다. 약속 시각에 임박하여 출발하면 택시를 타거나 전속력으로 달려야 하는 등 돈과 체력을 낭비하게 되지만, 여유 있게 움직이면 다양한 방법으로 이동할 수 있습니다. 부자 중에 일찍 일어나는 습관을 가진 사람이 많다는 것은 일찌감치 빠릿빠릿하게 행동한 결과, 일을 효율적으로 진행할 수 있어서 성공했다는 비결을 내포한 말이 아닐까요?

시간이 없으면 선택지가 줄어든다

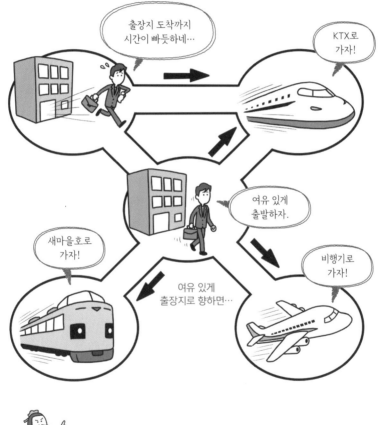

출장지 도착까지 시간이 빠듯하네…

KTX로 가자!

여유 있게 출발하자.

새마을호로 가자!

여유 있게 출장지로 향하면…

비행기로 가자!

시간이 충분하면 선택할 수 있다.

손자의 조언

적보다 먼저 전장에 도착하면 여유 있게 싸울 수 있지만, 적보다 뒤처지면 쉴 새 없이 싸워야 한다.

09

서툰 분야에서 싸우지 말라

노력해서 할 수 있는 것이 있고, 노력해도 할 수 없는 것이 있습니다.
어려운 일을 맡아야 하는 상황에서는 어떻게 대처하는 것이 가장 좋을까요?

손자는 '원정에서 국력이 피폐해지는 것은 군수물자를 멀리 수송해야 하기 때문
이다. 군이 먼 곳에 주둔하면 물가가 오르고, 물가가 오르면 백성들은 곤궁해지
며 조세 부담에 시달린다. 그리될 것 같으면 싸우지 않는 편이 좋다'라고 말했습
니다. 미래 손실 여부를 따져보고 무리라고 판단되는 것은 포기해야 할 때도 있
는 것입니다.

미흡한 분야의 일은 맡지 않는다

맡아도 되는 업무인지 아닌지를 판단하는 포인트를 원문에 근거해 해석해 보면, 멀리 가기(서툰 분야의 일을 책임지고 해내기) 위한 버팀목이 되는 재력(실력·실적)이 있는지 냉정하게 판단하는 것입니다. 물론 도전 정신은 중요하지만, 의리나 손익도 연관되어 있으므로 결단이 쉽지는 않습니다. 열심히 할지 거절할지 여부를 신중하게 생각하고 판단해야 후회하지 않습니다.

실력을 냉정하게 판단하고 결정한다

기세를 높여 사람들의 마음을 사로잡아라

손자병법에는 '기세'라는 말이 반복해서 나옵니다.
기세는 승리를 결정짓는 중요한 요소 중 하나입니다.

'지략의 유리함을 납득하면 기세가 붙고, 외부로부터의 원조가 붙는다'라는 말은 손자가 오나라 왕에게 했다는 설도 있지만, 해석에 따라 의미가 달라집니다. 이 책에서는 '승리를 확신하면 기세가 오른다. 그 기세에 이끌려 지원자가 온다'라고 해석하고, 개인이나 기업·조직에 적용해 봅시다. 기세가 있는 회사나 사람을 상상해보면 긍정적이고 의욕이 넘치며 활기찬 이미지가 떠오릅니다.

기세가 있는 사람은 주위를 적극적으로 만든다

기세가 있으면 이득을 봅니다. 왜냐하면, 긍정적이고 밝은 사람이나 조직과 함께 하면 기분이 좋기 때문에 사람들이 모입니다. 모든 기회는 사람을 통해서 이루어 지므로 당연히 비즈니스 기회도 생기고, 곤란한 상황에 놓였더라도 기꺼이 원조 해 주겠다는 사람이 나타납니다. 반면, 승리를 확신할 수 없는데도 기세만 높은 사람은 경박해 보이고 허세를 부리는 것으로 느껴집니다.

기세가 있는 곳에 기회가 찾아온다

손자의 조언

승리를 확신할 수 있는 계획을 세우면 기세가 오르고, 그 기세에 이끌려 많은 지원자가 나타난다.

기세가 오른 사람이 확실한 승리 계획을 세우고 있는지 지켜보는 것도 중요하다.

유리한 작전

11

불리함을 이로움으로 전환하라

상대의 허를 찌르는 계책으로 알려진 '우직지계'를 조금 다른 관점에서
위기 타개책으로 해석해봅시다.

원문은 '우회하면서 직행하는 효과를 만들어야 하고, 불리한 우환을 이로움으로
만들어야 한다'입니다. 일이 원활하지 않을 때는 '우직지계'를 실천할 좋은 기회
라고 생각하고 '우환을 이로움으로 만든다', 즉 '위기를 기회로 바꾼다'에 주력합
니다. 잘 안 되는 원인을 찾느라 고민하지 말고 지금 여기에서 할 수 있는 일을
실행합시다. 사람은 위기에 몰리면 생각지도 못한 힘을 발휘하는 법입니다.

우회하는 듯 보여도 최종적으로는 이긴다

목적지

우직지계 = 먼 길을 택해
적을 유인하여 발을 더디게
만들고, 적보다 뒤늦게
출발하여 적보다 먼저
도착하는 것이다.

우직지계로 성공한 기업 사례를 소개하겠습니다. 명주 '닷사이'를 제조 판매하는 아사히 주조(야마구치 현)는 90년대 후반, 원재료 공급이 끊기면서 베테랑 장인 전원이 퇴사하는 위기에 처했습니다. 그러나 당시 사쿠라이 히로시 사장은 이를 기회로 삼아 새로운 판로를 개척하고 직원들의 세대교체를 감행했습니다. 그리고 기존에는 겨울철에만 만들 수 있었던 전통주를 연간 제조할 수 있도록 생산 환경을 개선함으로써 도산 직전에서 V자 회복*을 이뤄냈습니다.

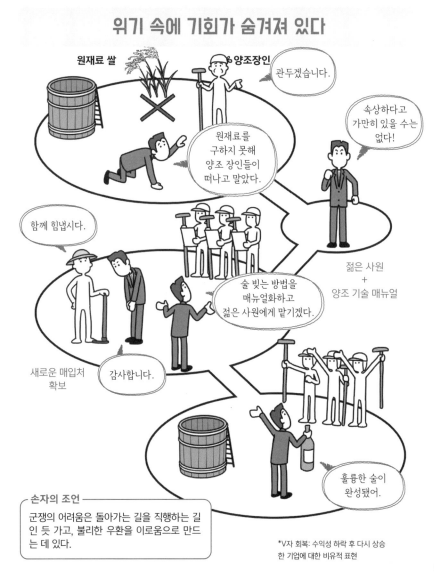

위기 속에 기회가 숨겨져 있다

원재료 쌀

양조장인

관두겠습니다.

원재료를 구하지 못해 양조 장인들이 떠나고 말았다.

속상하다고 가만히 있을 수는 없다!

함께 힘냅시다.

젊은 사원
+
양조 기술 매뉴얼

술 빚는 방법을 매뉴얼화하고 젊은 사원에게 맡기겠다.

새로운 매입처 확보

감사합니다.

훌륭한 술이 완성됐어.

손자의 조언
군쟁의 어려움은 돌아가는 길을 직행하는 길인 듯 가고, 불리한 우환을 이로움으로 만드는 데 있다.

*V자 회복: 수익성 하락 후 다시 상승한 기업에 대한 비유적 표현

55

유리한 작전
12
협력으로 승리를 끌어내라

유명한 '오월동주'라는 말은 사이가 나쁜 사람끼리도 재난을 겪거나
이해관계가 일치하면 협력하거나 서로 돕는다는 뜻입니다.

회사 부서나 프로젝트팀 구성원들끼리 대립하고 있거나 마음이 뿔뿔이 흩어져
있을 때 떠올리고 싶은 말이 오월동주입니다. '서로 원수지간인 오나라 사람과
월나라 사람도 한배를 타고 있다가 폭풍우를 만나면 함께 필사적으로 협력한다'
는 상황을 회사 조직에 응용해 봅시다. 조직 존속의 위기 같은 거창한 상황까지
는 아니더라도, 협력하지 않을 수 없는 과제나 공통의 높은 목표도 폭풍우 같은
역할을 합니다.

재난을 당하면 원수끼리도 단결한다

부득이한 상황이야.

잠시 휴전하세.

즉, '지금은 우리끼리 싸울 때가 아니다'라고 느낄만한 상황이 계속 이어지면 연대감이 높아집니다. '모두 함께 실적을 올리면 모두가 이득을 본다. 실적이 떨어지면 전원이 손해를 보게 된다'라는 의식을 팀원들에게(자기 자신에게도) 항상 주지시킵니다. 그러면 모두에게 손자가 말하는 '기세'가 붙어서 큰 승리를 거머쥘 수 있습니다.

성공과 실패에 따른 결과를 전달하여 단합시킨다

손자의 조언
서로 원수지간인 오나라와 월나라 사람이라도 한배를 타고 강을 건너다 폭풍우를 만나면 함께 연대하여 필사적으로 돕는다.

유리한 작전

13

적의 정보를 수집하라

전쟁이나 비즈니스에서 확실한 승리를 얻으려면 가능한 한 상세하고 새로우며 살아있는 정보를 모으는 것이 중요합니다.

손자는 전쟁 시작 전, 준비단계에서 수집해야 할 정보로 네 가지를 꼽습니다. 첫째는 전쟁으로 얻게 될 것과 잃게 될 것이 무엇인지 계산하고, 둘째는 적을 자극하여 적의 규율과 행동 방식을 파악하고, 셋째로 적이 포진한 지형이 전투에 유리한지 불리한지를 분석하고, 마지막으로 적을 건드려 그 힘을 시험해 봄으로써 강점과 약점을 알아내는 것입니다.

싸울 상대의 정보를 모은다

즉, 도움이 되는 정보를 얻으려면 멀리서 바라만 보면 안 되고, 실제로 적과 부딪혀 봐야 합니다. 비즈니스에서 정보수집은 주로 마케팅 영역이지만, 사무실에 앉아 데이터만 분석하고 실제 현장을 찾아가 보지 않으면 가치 있는 정보를 얻을 수 없습니다. 직원과 고객의 움직임을 잘 관찰하고, 그들의 이야기를 제대로 들어봅시다.

작은 전투로 적을 간파한다

손자가 말하는 작은 전투란 고객과 직접 접촉하는 것을 의미한다.
매장을 방문하여 자신의 눈으로 직접 보는 것이다.

현장에 가자.

소매점을 방문하다.

그렇구나.

타사 제품은 무엇이 팔리는지 확인한다.

이것도 사야지.

점포에서 손님들의 동선을 파악하고, 함께 구매하는 제품이 무엇인지 확인한다.

이렇게 하면 팔립니다!

판매 방식을 수정하고, 할 수 있다는 확신이 생기면 승부에 나선다.

작은 전투의 목적은 고객의 판단 기준을 파악하는 것이다.

─ 손자의 조언 ─
적과의 접촉을 통해 적의 우세한 부분과 열세한 부분을 찾아낸다.

유리한 작전

14

실패 상황도 이미지 트레이닝하라

위험 회피를 중시하는 손자다운 말입니다. 지는 패턴에 대한 이미지 트레이닝을 통해 이기는 방법을 도출합시다.

손자는 전쟁의 폐해를 모르는 자는 전쟁에서 얻는 이익에 대해서도 알 수 없다고 합니다. 즉, 지는 이미지도 가지고 있으라는 것입니다. 성공하는 방법을 아는 것도 중요하지만, 만일의 일도 생각해 두지 않으면 이득을 취할 수 없습니다. 앞서 '음과 양(P42)'에서도 다룬바 있는 균형 감각과 앞을 내다보는 장기적 관점이 필요합니다.

지는 패턴도 머릿속에 주입한다

자신에게 불리한 상황도 미리 가정해 두면, 일이 잘 풀리지 않아도 마음이 흐트러지지 않고 긍정적으로 대처할 수 있습니다. 발명왕 에디슨이 실험에 실패하면 '안 되는 방법을 또 하나 알아냈다'라고 기뻐한 것처럼 경험을 거듭하면서 자신의 '패턴'을 기억합시다. 그럼 사전에 '아, 이건 불길하다'라며 위험을 감지하고 피할 수 있습니다.

15 적의 리더를 조종하라

손자병법 원문 따르면 지혜로운 세 가지 방법으로 주변 제후들을 견제하면
불필요한 싸움을 피하고 살아남을 수 있다고 하였습니다.

경쟁자를 견제하는 첫 번째 방법은 손해를 이용해 상대의 의욕을 꺾는 것입니다.
소국이었던 연나라는 공격을 해온 조나라를 향해 '우리가 서로 싸우면 강대국인
진나라에 둘 다 당하고 말 것이다'라고 설득하여 전쟁을 피했습니다. 두 번째 방
법은 고난을 이용하는 것입니다. 예를 들어 테러리스트가 테러를 예고하면 실제
테러 발생 여부에 상관없이 온 나라가 테러의 공포에 휩싸이게 됩니다.

적을 움직이는 세 가지 방법

세 번째 방법은 함께 얻을 수 있는 이익을 보여주고 협력시키는 것입니다. 이를 이용하여 성공한 사람이 스티브 잡스입니다. 잡스는 iTunes 스토어 서비스 출시를 앞두고, 대형 음반사들을 협력시키기 위해 '우리에게 전부 맡긴다면 앞으로 음반사들은 CD 재고 물량에 대한 부담없이 수익을 창출할 수 있게 된다'라고 제안하였고, 계약을 체결할 수 있었습니다.

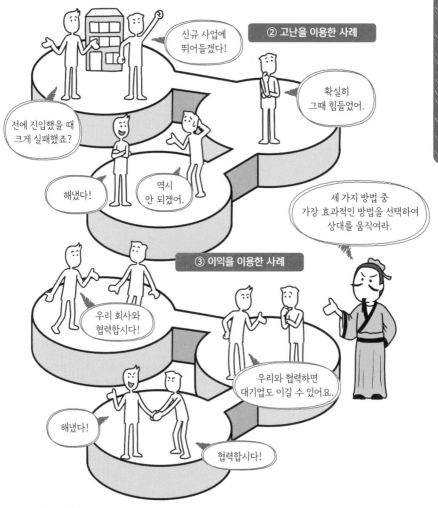

유리한 작전

16

싸우지 말고 이겨라

싸우지 않고 승리하는 것이 손자 사상의 중심입니다. 그 이유와 구체적인 방법을 알아보겠습니다.

손자는 '백전백승도 좋지만, 상처 없이 이기는 것이 그보다 더 낫다'라고 말합니다. 경쟁으로 모두 소진하면 설령 이기더라도 그 후의 이익을 보장하지 못합니다. 싸우지 않고 이기기 위해서는 외교와 교섭으로 싸움을 피하고, 모략으로 상대편 내부를 붕괴시키는 기본 전략도 있지만, 그보다 압도적인 힘을 보임으로써 상대가 승산이 없음을 느끼고 경쟁을 단념하게 만드는 방법이 가장 좋습니다.

싸우지 않고 이기는 것이 최상의 전략이다

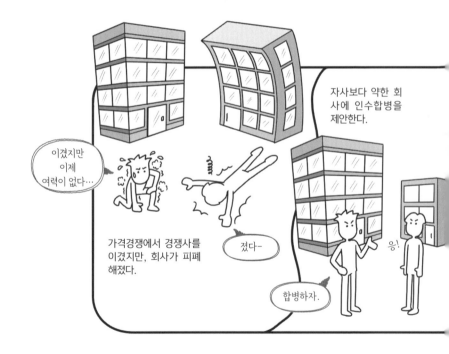

자사보다 약한 회사에 인수합병을 제안한다.

이겼지만 이제 여력이 없다…

가격경쟁에서 경쟁사를 이겼지만, 회사가 피폐해졌다.

졌다-

응!

합병하자.

경쟁자나 적이 없는 분야에서 승부를 거는 블루오션 전략도 싸우지 않고 이기는 방법 중 하나입니다. 같은 목표를 향하고 있는 경쟁자에게 뒤처지고 있다면 과감하게 다른 방향으로 가는 것도 좋습니다. 전쟁이건 비즈니스건 어디까지나 승리가 목적이지 싸움(경쟁) 자체가 목적이 아닙니다. 상대도 자신도 상처 입지 않고 이기는 것이 최고 중의 최고입니다.

블루오션
경쟁이 없거나 적은 새로운 미지의 가능성을 내포한 시장

첩보 활동으로 타사 내부를 붕괴시킨다.

정말이야?

이 회사 망할 것 같아.

대기업의 위세에 눌려 중소기업은 경쟁할 엄두를 내지 못한다.

어휴!

좋아, 이 분야에서 승부를 겨루겠다!

중소기업은 대기업이 손대지 않는 독자적 영역에서 승부를 겨룬다.

강한 자도 싸우게 되면 전력이 소비된다. 싸우지 않고 이기는 것이 최선책이다.

잔챙이는 꺼져라.

─ 손자의 조언 ─
백번 싸워 백번 이겨도 최선책이라고는 할 수 없다. 싸우지 않고 적을 굴복시키는 것이 최선책이다.

'손자병법'을 삶의 지침으로
삼은 유명인

동서양을 막론하고 손자병법은 전쟁, 경영 등 다양한 분야에서 중요한 역할을 하고 있으며, 손자병법을 삶의 지침으로 삼은 사람들이 전 세계적으로 많이 있습니다.

그중에는 마이크로소프트의 창업자인 빌 게이츠나 소프트뱅크 창업자 손정의, 페이스북의 마크 저커버그를 포함한 세계적 기업의 전문 경영인들뿐 만 아니라 현대 경영·경제학을 연구하는 마이클 포터, 앨빈 토플러. 피터 드러커 같은 석학들도 손자병법을 애독했습니다. 또한 미국 대통령 트럼프, 중국 공산당 지도자 마오쩌둥 등의 정치인, 스포츠 감독, 군사전략가 등 다양한 분야에서 성공한 사람들도 다수 포함되어 있습니다.

손자병법의 가르침을 깨닫고 다양한 분야에서 성공한 사람들이 존재한다는 것 자체가 손자병법의 유효성을 증명한다고 생각합니다.

chapter 3

싸움에 지지 않는 원칙

항상 상황이 변화하는
전쟁이나 비즈니스 경쟁에서
'절대'라는 말은 없습니다.
그러나 하나의 원칙을 가지고 싸운다면
'승부에 지지 않는것'이라고 손자는 말합니다.

싸움의 원칙

01 승리하려면 남보다 앞서라

전쟁에서는 신속히 움직여 주도권을 잡아야 합니다. 그 이유를 살펴보겠습니다.

손자는 '졸속. 즉 다소 미흡하더라도 빨리 끝내는 것이 좋다'라고 말합니다. 이는 사소한 것에 얽매이지 말고 신속하게 움직이라는 의미입니다. 이는 남보다 앞서면 반드시 승리한다는 것과 일맥상통하는 것으로, 출발과 동시에 질주해야 함의 중요성을 말하고 있습니다. 아직 준비가 덜 되었다든지, 자신이 없다는 등의 핑계로 우물쭈물하고 있으면 아무 일도 시작되지 않고, 경쟁자에게 뒤처지고 맙니다.

남보다 먼저 명함을 건넨다

비즈니스맨에게 있어서 명함교환 이야말로 빠른 출발의 타이밍. 동행한 동기보다 먼저 명함을 건네는 것이 좋다.

— 손자의 조언 —
전쟁에서는 신속히 움직여 주도권을 잡아야 한다.

68

거래처를 방문하게 되면 약속시간보다 여유 있게 현지에 갑니다. 그 지역 분위기나 지리 등 화제로 삼을 만한 정보를 미리 파악해 두면 자연스럽게 대화의 주도권을 잡을 수 있습니다. 회의나 상담 시에는 요점을 빠르게 훑고 바로 본론에 들어가면 체력이나 신경 소모 없이 단시간에 결론에 이를 수 있습니다. 앞지르거나 빨리 움직여야 비즈니스 기회를 잡기 좋습니다.

대화의 주도권 잡고 단기 결전으로

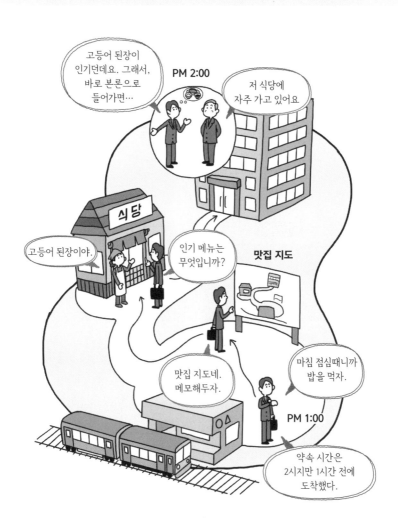

싸움의 원칙

02

적을 쓰러뜨리지 말고 승리하라

자신이 상처받지 않는 것은 물론이고 적에게도 상처를 입히지 않고 이기는 것이 미래에는 다양한 분야에서 사회 가치로 통용될 것입니다.

손자병법에 나오는 '모공'이란 첩보전으로 상대방의 계획을 알아냄으로써 싸우지 않고 이기는 작전입니다. 전쟁을 치르지 않기 때문에 당연히 손해나 손실이 적습니다. 비즈니스에 적용하면 비용을 절감한다는 의미가 되지만 여기서 주목해야 하는 것은 '싸우지 않고'라는 조건입니다. 이득 없는 싸움을 피하고 '적과 아군 모두 손해 보지 않는 방법'을 모색하는 것입니다.

싸우지 않으니까 누구도 상처받지 않는다

왁도날드
햄버거
2,900원

보스버거
햄버거
2,900원

같은 가격이니
여기로 가자.

공존경영
이네요.

가격 설정은
동일하게 하자.

가격은 같고
여기가 괜찮을 듯?

── 손자의 조언 ──
반드시 적과 아군 모두 보전하는 형태
로 승리하는 것을 생각한다.

구체적인 예로는 놀이공원의 인기 캐릭터를 도입하는 콜라보 기획 등을 들 수 있습니다. 또한, 요즘 인터넷을 통해 공간, 물건, 탈 것, 인력, 비용 등을 공유할 수 있는 장소와 자원을 제공하는 공유 경제 서비스도 마찬가지입니다. 게다가 발생한 수익 중 일부를 사회공헌과 공유가치로 재창출하는 건강한 비즈니스도 늘어나고 있습니다. 이러한 win-win 관계는 앞으로 더욱 중요한 가치가 될 것입니다.

건강한 win-win 비즈니스

싸움의 원칙

03 한 가지 패턴을 고수하지 말라

'형체가 없는 군대 운영'이란 무슨 뜻일까요? 선문답 같지만, 구체적인 예를 보면 잘 알 수 있습니다.

손자에 따르면 승리를 위한 최적의 군대 배치나 형태가 무엇인지 끝까지 파고들다 보면 결국 '무형'의 경지에 도달하게 된다고 합니다. 형태가 없기 때문에 군대가 앞으로 어떻게 움직일 것인지 적과 아군 모두 알 수 없습니다. 여기서 말하는 '형태'란 누구라도 한번 보기만 하면 앞을 읽을 수 있는 '뻔한 것'을 말합니다. 즉, 매너리즘이나 한 가지 패턴에 빠지지 않고, 자유자재로 변환할 수 있는 유연함을 가져야 한다는 의미입니다.

한 가지 패턴은 쉽게 질린다

우리는 기술이 굉장한 속도로 진보하는 시대를 살고 있기에 '상황에 유연하게 대응해야 한다'라는 말을 명심해야 합니다. 전통 공예품조차 현대인의 감각에 맞게 변형하지 않으면 쇠퇴할 수밖에 없습니다. 일본 나가사키의 '하우스텐보스'가 도산 직전에 기적의 V자 회복을 이뤄낸 것은 네덜란드 거리풍경을 재현한다는 창업 이래의 '형태'를 버리고 '무형'이 되어 상식을 깬 새로운 기획을 잇달아 내놓았기 때문입니다.

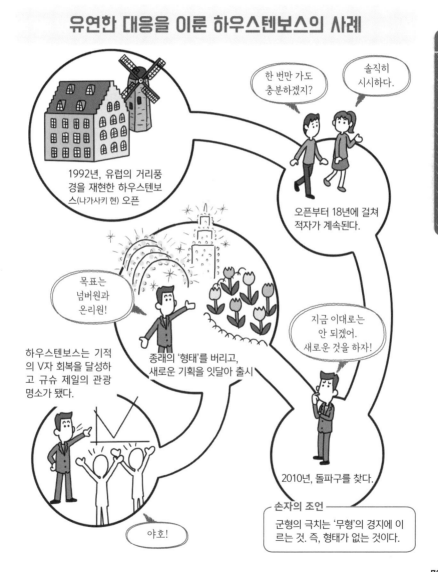

유연한 대응을 이룬 하우스텐보스의 사례

1992년, 유럽의 거리풍경을 재현한 하우스텐보스(나가사키 현) 오픈

한 번만 가도 충분하겠지?

솔직히 시시하다.

오픈부터 18년에 걸쳐 적자가 계속된다.

목표는 넘버원과 온리원!

하우스텐보스는 기적의 V자 회복을 달성하고 규슈 제일의 관광명소가 됐다.

종래의 '형태'를 버리고, 새로운 기획을 잇달아 출시

지금 이대로는 안 되겠어. 새로운 것을 하자!

2010년, 돌파구를 찾다.

야호!

손자의 조언 ──
군형의 극치는 '무형'의 경지에 이르는 것. 즉, 형태가 없는 것이다.

04

승리를 향한 최단 거리에는 위험이 따른다

적의 기선을 제압하는 것이 손자병법의 왕도입니다만,
한편으로는 그 어려움에 대해서도 쓰여 있습니다.

손자병법 제7편에 해당하는 '군쟁편'에서는 적보다 먼저 주도권을 잡는 방법을 주로 다룹니다. 앞서야 이긴다는 속도 승부가 기본이지만, 그렇다고 무작정 앞지르느라 무리해서도 안 된다고 말합니다. 너무 빨리 진군하면 무기와 식량 등 무거운 짐을 실은 군마와 수송부대가 따라오지 못해 결국 불리해지기 때문입니다.

속도를 중시해도 무리는 금물

쉽게 말하면, 눈앞의 승리에 집착해 무리하면 안 됩니다. 다친 운동선수가 부상을 참고 시합에서 이겼으나 제대로 치료하지 않은 상처가 악화하여 선수 생명이 끝난다든지, 샐러리맨이 매일 야근하면서 영업성적을 올렸지만, 건강을 해쳐 결국 회사를 그만둔다든지 등의 비극을 피하려면 자신의 한계를 아는 것이 필요합니다.

지나침은 실패의 원인

싸움의 원칙

05

축적한 정보로 승부를 겨뤄라

손자는 승리하는 군대의 형세를 물에 비유하여 '적수를 천인 높이 계곡에서 쏟아내는 것과 같다'라고 했습니다.

'적수'란 가득 채운 물, '천인'은 1,500m 정도의 높이입니다. 댐이 무너진 것처럼 대량의 물이 깊은 계곡 아래로 한 번에 떨어지는 모습을 상상해 보세요. 물이 가진 에너지를 모아 단번에 '확!'하고 방류하는 모습입니다. 엄청난 기세로 넘치는 물을 막을 수 있는 것은 아무것도 없습니다. 이 기세야말로 승리의 비결이라고 손자는 말하고 있습니다.

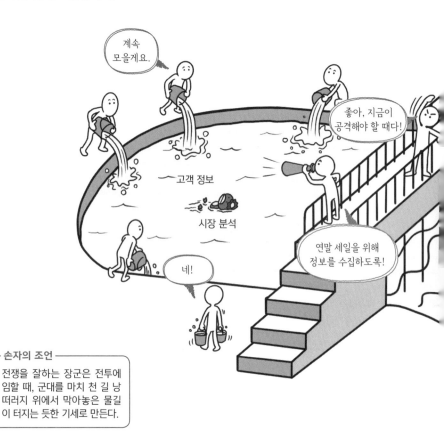

손자의 조언

전쟁을 잘하는 장군은 전투에 임할 때, 군대를 마치 천 길 낭 떠러지 위에서 막아놓은 물길 이 터지는 듯한 기세로 만든다.

비즈니스에서는 고객 정보나 시장 분석 등의 '데이터'가 '물'에 해당합니다. 연예인이라면 참신한 소재, 수험생이라면 영어 단어 등의 '지식'입니다. 단지, 이것들은 한 번에 대량으로 모을 수 없기에 평소에 축적해 두는 것이 중요합니다. 매일 축적을 계속하다가 '이거다!' 싶은 상황이 생기면, 그때 자신을 마음껏 해방합니다. 살다 보면 이러한 신축성도 필요한 법입니다.

작은 축적이 거대한 파워로

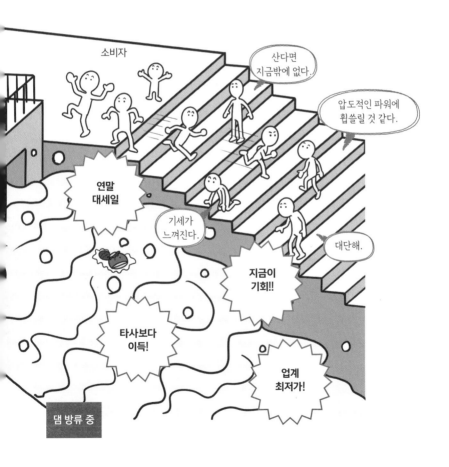

싸움의 원칙 06 적의 수가 많으면 싸움을 피하라

전장에서 패배하지 않으려면 도망치는 것이 상책인 경우도 있습니다.
도망을 가야 할지 아닌지를 판단하기 위해서는 어떤 능력이 필요할까요.

실전에 들어가기 전에 아군과 적군을 비교해 보고 만약 상대보다 약하다면 주저하지 않고 물러서는 것이 병법의 원칙입니다. 소군이 아무리 강해봤자 대군의 포로가 될 뿐이라고 손자는 말합니다. 괜한 자존심에 집착해 고집을 부리거나 지레 포기하지 말고 객관적으로 자신을 바라볼 필요가 있습니다. '자신의 약함을 솔직히 인정하는 용기, 그것이 진정한 강함'입니다.

자존심을 버리고 살아남는다

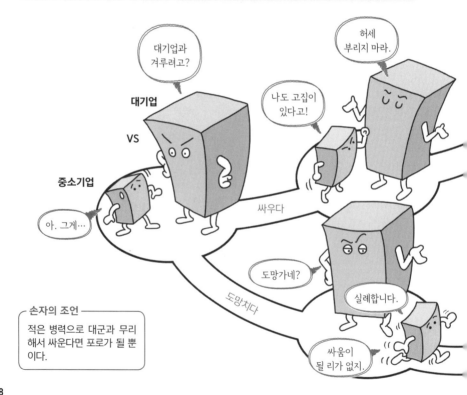

자신의 약함을 인지하고 나면 무리스러워도 계속 진행하다 망하거나 일단 물러났다가 후일을 도모하거나, 두 가지 선택지가 생깁니다. 후자를 선택해 성공한 예가 일본 역사에 기록되어 있습니다. 혼노지의 변*이 일어났을 때, 교토에 있던 도쿠가와 이에야스德川家康는 전쟁의 국면에 일절 개입하지 않고 자신의 본거지인 미카와로 서둘러 돌아갔습니다. 만약 이때, 이에야스가 전쟁에 참가했다면 일본의 에도시대는 없었을지도 모릅니다.

*혼노지의 변: 아케치 미츠히데가 교토 혼노지에 주둔하고 있던
오다 노부가나를 모반하고 습격하여 자살하게 만든 사건

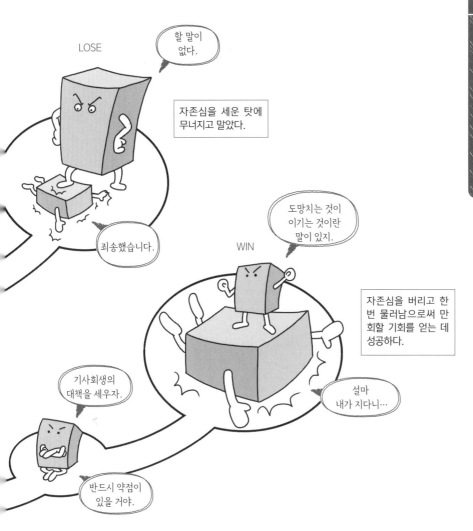

07

한 가지에 집중하여 승리하라

적군과 아군의 병력이 팽팽한 접전을 벌이고 있을 때,
어떻게 하면 상대를 제치고 승리할 수 있을까요?

양쪽 병력에 차이가 없으면 언제까지고 결말이 나지 않습니다. 하지만 만약 적이 10개 부대로 분산되면 어떨까요? 각 부대의 병력이 10분의 1로 줄어드니, 전군이 모여 있을 때보다 훨씬 약해집니다. 비즈니스에서도 비슷한 현상을 볼 수 있는데, 일본의 경우 80~90년대에 다각적 경영을 내세우며 여러 분야로 사업을 넓혔던 많은 기업이 거품 붕괴와 함께 도산했습니다.

분산은 하나하나의 힘을 약하게 한다

조직이 힘을 쏟는 분야를 너무 넓히면 자멸하고 맙니다. 손자는 전군의 힘을 하나로 모아 총력을 기울여야 한다고 권하고 있습니다. 잘하는 분야 또는 경쟁자가 적은 분야를 골라 에너지를 집중시키면 1인의 승리도 꿈은 아닙니다. 2018년 일본의 기업형 헬스 트레이닝 센터 라이잡(RIZAP) 주식회사가 적자로 전락한 사례에서 확실히 이 성공 사례와 실패 사례를 한 번에 볼 수 있습니다.

라이잡(RIZAP)의 성공과 실패 사례

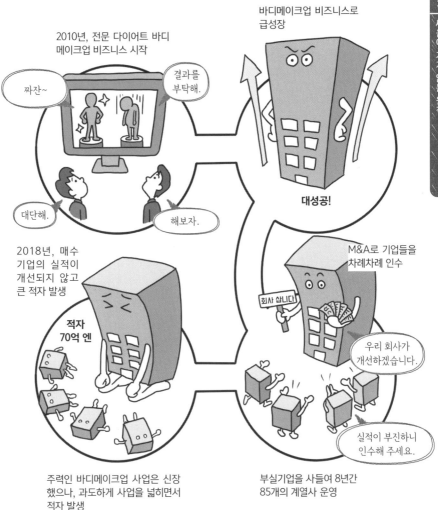

2010년, 전문 다이어트 바디 메이크업 비즈니스 시작

짜잔~

결과를 부탁해.

대단해.

해보자.

바디메이크업 비즈니스로 급성장

대성공!

2018년, 매수 기업의 실적이 개선되지 않고 큰 적자 발생

적자 70억 엔

M&A로 기업들을 차례차례 인수

회사 삽니다!

우리 회사가 개선하겠습니다.

실적이 부진하니 인수해 주세요.

주력인 바디메이크업 사업은 신장했으나, 과도하게 사업을 넓히면서 적자 발생

부실기업을 사들여 8년간 85개의 계열사 운영

싸움의 원칙

08

목표를 향해가는 습관을 만들라

비록 멀더라도 장소와 시간을 알고 있다면 가라는 신호입니다.
현대 경영철학이나 성공법칙에 놀라울 정도로 통하는 사고방식입니다.

'싸울 장소를 알고 싸울 날짜를 알면 천 리 밖에서 싸워도 좋다'를 반대로 말하면
'먼 곳에 가려면 장소와 일시를 알아야 한다'라고 할 수 있습니다. 미래에 성공하
겠다는 목표(먼 곳)를 달성하려면, 그 장소(어떤 분야에서 성공하고 싶은가)와 일시(언제쯤 달성
하고 싶은가)를 먼저 명확히 할 필요가 있습니다. 이것이 자기계발서 등에 자주 등장
하는 '장기적 비전'입니다.

20년 후의 최종 목표는
주식 상장. 그것을 위해서
무엇을 해야 할지
역산해서 생각해 보자.

1년 후

창업
회사를 창업하지 않으면
주식 상장은 꿈도 꾸지
못한다.

5년 후

요구 확대
회사를 세워도 고객의 요
구를 파악하지 않으면 성
장할 수 없다.

손자가 이를 권장하는 이유는 충분한 준비를 할 수 있기 때문입니다. 20년 후에 꿈을 이루기 위해 달성해야 할 목표는 무엇이며, 어떻게 준비해야 할까요? 그것을 10년 후, 5년 후, 1년 후로 역산하여 최종에는 오늘 해야 할 일, 즉 하루 습관까지로 줄일 수 있습니다. 이 방법은 일 뿐만 아니라 학업, 재테크, 다이어트 등 모든 분야에 적용할 수 있습니다.

장기적 비전은 목표로부터 역산

┌ 손자의 조언 ┐
전투 지점을 알고 전투 일자도 알면, 설령 천 리 떨어진 먼 곳에서도 주도권을 가지고 싸울 수 있다.

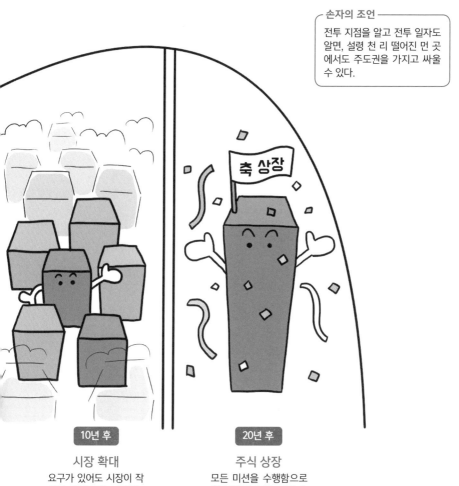

10년 후
시장 확대
요구가 있어도 시장이 작으면 상장까지는 어렵다.

20년 후
주식 상장
모든 미션을 수행함으로써 상장의 꿈을 이룰 수 있다.

83

싸움의 원칙

09

승리의 기세를 붙여라

P76에서 소개한 '천 길 낭떠러지 위에서 막아놓은 물길을 터트린다'와 같이 집중력과 순발력을 물의 기세에 비유하여 그 중요함을 강조하고 있습니다.

'격렬한 물이 질풍처럼 흘러 무거운 돌을 뜨게 만드는 것이 기세다. 사나운 새가 날쌔게 날아 사냥감을 일격에 포착하는 것이 절도, 즉 순발력이다'라고 말합니다. 기세는 시위를 팽팽하게 당긴 활과 같아야 하고, 속도는 화살을 쏘듯이 순발력이 있어야 합니다. 신규 프로젝트를 시작할 때 팀 전원의 기세를 몰아가면 의기투합하는 분위기를 고조시킬 수 있습니다.

힘을 모아 단숨에 해치운다

신규 프로젝트를 성공시키고 말겠다!

오!

꼭 성공 하세요!

성공할 것 같군.

기세가 느껴진다.

― 손자의 조언 ―
막혀있던 물이 무거운 돌도 띄워 올릴 기세를 갖듯이, 지금이다 싶을 때 힘을 발휘해야 한다.

현대인이 하루에 집중할 수 있는 시간은 총 4시간이라고 합니다. 일을 잘하는 사람은 그 사실을 잘 알고 있기에 '단시간 집중 업무＋잠깐 휴식' 세트를 반복함으로써 에너지가 졸졸 새는 물처럼 빠져나가지 않도록 합니다. 집중하지 못하고 장시간 일하는 것보다 업무 효율이 훨씬 높기 때문에 성공 경험도 당연히 많아집니다. 그것이 자신감으로 이어지면서 업무 능력이 더 향상될 것입니다.

잘나가는 사람은 강약을 잘 타는 사람

싸움의 원칙

10

싸움은 속임수이다

손자병법에 '병법이란 궤도(詭道)이다'라는 말이 있습니다. 궤(詭)라는 글자에는 '거짓, 속이다'라는 나쁜 이미지가 있습니다. 그런데 왜 명언일까요?

궤도란 바른 이치에서 어긋나며 원칙을 벗어난 속임수라는 뜻이지만, 자기편에 유리하도록 임기응변을 쓰는 전술이라고 할 수 있습니다. 병법의 궤도는 비즈니스에서의 흥정이나 스포츠의 페인트와 같은 의미로 사기를 치거나 신뢰를 저버리는 비겁한 수단을 사용하는 것이 아니라 경쟁에서 이기기 위한 기술입니다. 그런 의미에서 궤도는 '좋은 의미에서의 배신'이나 '깜짝 놀라게 할 만한 계획'이라고 해석 할 수 있습니다.

궤도는 속이는 행위가 아니다

...속아 넘어갔군.

앞으로도 잘 부탁 드립니다.

손자의 조언 — 전쟁이란 속임수이다.

그럴 리가...

속이다니 너무 하잖아요.

당신 회사와는 앞으로 어떤 거래도 하지 않겠소.

비즈니스의 거래는 일회성 게임이 아니라 반복적으로 이루어지기 때문에 신뢰관계가 중요하다. 상대를 속이면 결국 손해를 보게 된다.

비즈니스에서의 구체적인 예로는 마감 예정일보다 빨리 납품하거나 기대 이상의 품질과 서비스를 제공하는 것 등입니다. 또한 처세술로서의 아첨이나 불필요한 질투를 피하기 위한 겸손, 혹은 기업 비밀을 유지하기 위한 포커페이스처럼 처한 상황이나 상대에 따라 태도를 바꾸는 것 등도 궤도의 한 종류라고 할 수 있습니다. 정치 세계에서는 일상다반사로 행해지고 있습니다.

궤도는 좋은 의미의 배신

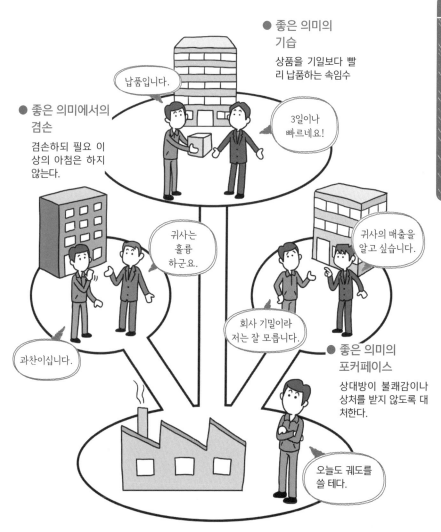

싸움의 원칙

11

적보다 먼저 정보를 수집하라

2500년 전에 정보의 중요성을 이미 알고 있었던 손자는 마치 현대 사회를 예견했던 것 같습니다.

손자는 적보다 먼저 정보를 입수하는 것의 중요성을 역설하면서 '점술에 의존하지 말고 사람으로부터 정보를 얻어야 한다'라고 했습니다. 고대 중국에서는 중요한 정보를 얻고 싶을 때는 점을 치는 것이 일반적이었습니다. 현대 사회의 정보원은 인터넷이지만, 아마추어들이 근거 없이 쓴 정보도 많다 보니 믿어도 되는지 의문이 들기도 합니다. 게다가 누구나 쉽게 접근할 수 있기 때문에 정보의 희소가치가 높지 않습니다.

비즈니스에서는 정보수집 능력이 시험대에 오른다

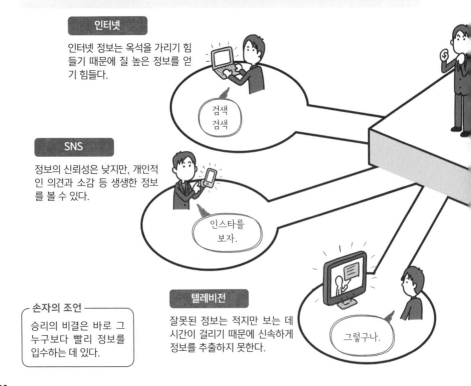

인터넷
인터넷 정보는 옥석을 가리기 힘들기 때문에 질 높은 정보를 얻기 힘들다.

검색
검색

SNS
정보의 신뢰성은 낮지만, 개인적인 의견과 소감 등 생생한 정보를 볼 수 있다.

인스타를
보자.

텔레비전
잘못된 정보는 적지만 보는 데 시간이 걸리기 때문에 신속하게 정보를 추출하지 못한다.

그렇구나.

┌ 손자의 조언 ┐
승리의 비결은 바로 그 누구보다 빨리 정보를 입수하는 데 있다.

적을 앞지르기 위해서 필요한 것은 '이건 우리끼리 비공식적으로 하는 얘기인데 실은…'이라는 비밀 정보입니다. 팔딱팔딱 살아있는 신선한 정보는 결국 사람에게서 나오기 때문에 평소에 인맥을 쌓아 두는 것이 중요합니다. 손자 시대 전쟁처럼 첩자를 고용할 수는 없으니, 타 업종 친목 모임에 참가하는 등 나름대로 최대한 인맥을 넓힙시다.

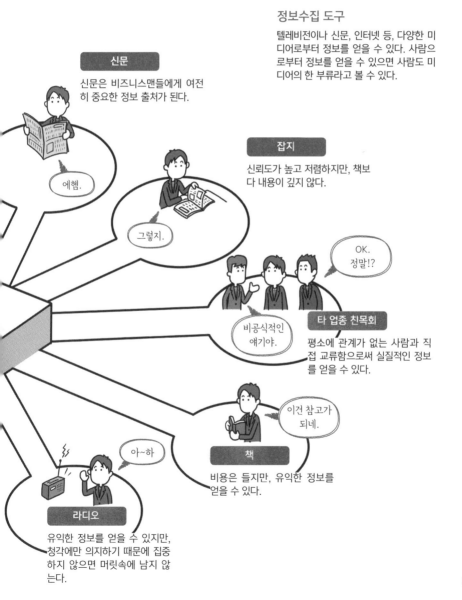

정보수집 도구

텔레비전이나 신문, 인터넷 등, 다양한 미디어로부터 정보를 얻을 수 있다. 사람으로부터 정보를 얻을 수 있으면 사람도 미디어의 한 부류라고 볼 수 있다.

신문

신문은 비즈니스맨들에게 여전히 중요한 정보 출처가 된다.

에헴.

잡지

신뢰도가 높고 저렴하지만, 책보다 내용이 깊지 않다.

그렇지.

OK.
정말!?

비공식적인
얘기야.

타 업종 친목회

평소에 관계가 없는 사람과 직접 교류함으로써 실질적인 정보를 얻을 수 있다.

이건 참고가
되네.

아~하

책

비용은 들지만, 유익한 정보를 얻을 수 있다.

라디오

유익한 정보를 얻을 수 있지만, 청각에만 의지하기 때문에 집중하지 않으면 머릿속에 남지 않는다.

싸움의 원칙

12

유연하게 대응하라

또다시 '물'을 사용한 비유입니다. P72의 '유연성'과 연결되는 내용이니 참고해 주세요.

강물은 곧게 흐르지만 때로는 구불구불하면서 넓은 곳, 좁은 곳, 높낮이 차이가 심한 곳도 모습을 바꿔가며 멈추지 않고 종횡무진으로 움직입니다. 그러한 물의 움직임을 보고 있자면 유연하고 낭비가 없어 실로 합리적이라는 생각이 듭니다. 그런 싸움 방식을 손자는 '신묘'하다고 칭송하였으나, 사실 꽤 높은 경지이긴 합니다. 왜냐하면 인간에게는 항상성(homeostasis)이 있어 본질적으로 변화를 싫어하기 때문입니다.

강의 흐름은 항상 변한다

*항상성(homeostasis): 여러 가지 환경 변화에 대응하여 일정한 상태를 유지하는 성질

그러나 통에 담긴 물을 방치하면 반드시 썩듯이 인간도 변화를 피하기만 해서는 진보도 성장도 할 수 없습니다. 회사 조직도 마찬가지입니다. 과거 성공에 안주하면 조직이 경직되고, 변화의 흐름에 유연하게 대처하지 못 하게 됩니다. 개인의 경우, 업무적으로든 사적으로든 한 가지 방식만 고집하면 머지않아 한계가 올 것입니다. 그야말로 '흐름에 맡긴다'라는 식으로 여유를 가지고 순조롭게 나아가는 것이 좋습니다.

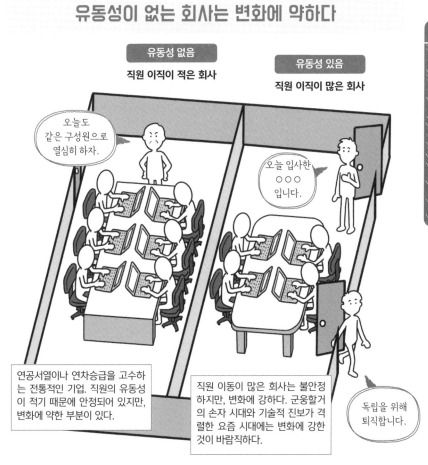

유동성이 없는 회사는 변화에 약하다

유동성 없음

직원 이직이 적은 회사

유동성 있음

직원 이직이 많은 회사

오늘도 같은 구성원으로 열심히 하자.

오늘 입사한 ○○○ 입니다.

연공서열이나 연차승급을 고수하는 전통적인 기업. 직원의 유동성이 적기 때문에 안정되어 있지만, 변화에 약한 부분이 있다.

직원 이동이 많은 회사는 불안정하지만, 변화에 강하다. 군웅할거의 손자 시대와 기술적 진보가 격렬한 요즘 시대에는 변화에 강한 것이 바람직하다.

독립을 위해 퇴직합니다.

─ 손자의 조언 ─
군대의 형세는 물처럼 변화해야 한다.

승리를 부르는 5개의 포인트

싸움의 원칙 13

싸우기 전에 이기기 위한 조건으로 여겨지는 결정적인 5대 포인트입니다.
비즈니스에 비유해서 하나씩 설명하겠습니다.

손자가 꼽는 다섯 가지 승리 포인트를 비즈니스에 적용해 보겠습니다.

① 싸워야 할 때와 그렇지 않을 때를 판별한다 → 정확한 상황 판단을 한다

② 병력의 규모에 맞는 전술을 수립한다 → 조직의 규모와 개인의 능력, 예산 등을 고려해 최선의 작전을 세운다

③ 상관과 부하가 서로 의사를 통일한다 → 상사와 부하직원, 동료 간의 소통을 원활히 한다

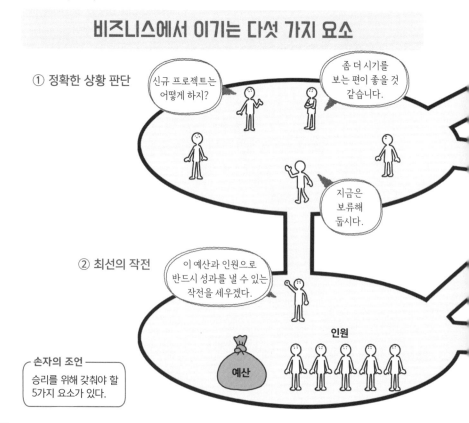

비즈니스에서 이기는 다섯 가지 요소

① 정확한 상황 판단

신규 프로젝트는 어떻게 하지?

좀 더 시기를 보는 편이 좋을 것 같습니다.

지금은 보류해 둡시다.

② 최선의 작전

이 예산과 인원으로 반드시 성과를 낼 수 있는 작전을 세우겠다.

인원

예산

손자의 조언
승리를 위해 갖춰야 할 5가지 요소가 있다.

④ 사전계획과 절차를 완벽하게 한다 → 모든 가능성을 시뮬레이션하고 기회가
   오면 바로 움직일 수 있도록 준비한다
⑤ 유능한 장군과 과도하게 간섭하지 않는 군주가 필요하다 → 누구에게 무엇을
   맡길지 책임의 범위와 소재를 명확히 하고 적재적소에 배치한다
이상의 내용이 갖추어져 있으면 '싸우기 전에 이긴 것이나 다름없다'라고 손자는
단언합니다.

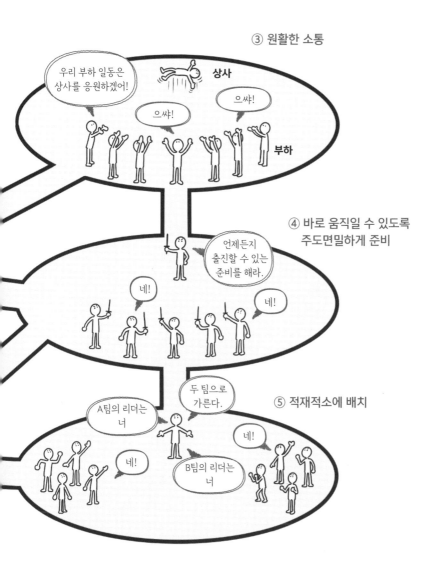

싸움의 원칙

14

승리의 필요조건 결속력

지위 상승을 목표로 하는 비즈니스맨은 반드시 알아야 하는 조직 리더십 이론입니다. 개인적인 소망을 실현할 수 있는 힌트도 얻을 수 있을 것입니다.

전쟁은 조정자 역할을 하는 지휘관(리더)의 역량이 승패를 좌우합니다. 뛰어난 리더는 어떻게 해야 하느냐는 질문에 손자는 '이겨야 할 길을 제대로 파악하고 평가와 측정을 철저히 한다'라고 답합니다. 성공에 이르는 과정을 명확히 하고, 팀 전체의 사기를 높이 유지하며, 규칙에 따라 공평하고 냉정한 평가를 하는 상사와 일하는 부하직원이라면 확실히 일을 잘할 수 있을 것입니다.

손자가 생각하는 리더십

이것을 개인에게는 어떻게 적용할 수 있을까요? 최종목표 달성을 이미지화하고 그렇게 되기 위한 규칙을 만듭니다. 만약 건강이 최종 목표라면 매일 아침 달리기를 하기 위해 일찍 일어나는 것이 규칙입니다. 이를 계속 실천하면 자기 관리 능력이 높아집니다. 이렇게 일상생활에서도 응용할 수 있는 것이 《손자》의 심오함이며 수 천 년 동안 읽혀 온 이유일 것입니다.

자기 자신의 리더가 되어 소원을 이룬다

GOAL

목표가 머지 않았다.

잠뿐만 아니라 식사도 규칙적으로 한다.

최종 목표 건강

자기관리로 몸이 건강해진다!

규칙적인 생활을 한다

일찍 일어난다

일찍 잔다

일찍 일어나기 위해 해야 할 일은?

일찍 자기 위해서 해야 할 일은?

그럼 매일 아침 달리기를 하기 위해 해야 할 일은?

제가 당신의 리더입니다.

STRAT

매일 아침 달리기를 한다

최종 목표에 도달하기까지 해야 할 일은?

'풍림화산(風林火山)'의
진정한 의미

　일본 전국시대 최고의 명장이었던 다케다 신겐(武田信玄)은 손자병법의 실천자였습니다. 그의 군기에는 '질여풍서여림침략여화부동여산(疾如風徐如林侵掠如火不動如山)'이라고 적혀 있었는데, 이는 《손자》에서 인용한 것입니다. 이 책에서는 '풍림화산'이라고 줄여서 말하고는 있지만 이 말 자체는 이노우에 야스시(井上靖)의 소설 《풍림화산》에서 창작된 것으로 추정됩니다.

　풍림화산은 '빠르기를 바람처럼, 고요하기를 숲처럼, 공격하기를 불처럼, 움직이지 않기를 산과 같이 한다'로 이동할 때는 바람처럼 빠르며, 진은 숲처럼 고요하고, 공격할 때는 불같은 기세로, 진형은 산처럼 무너지지 않아야 한다는 의미입니다. 실제로는 그다음에 '난지여음(難知如陰) 알기 어려움이 어둠과 같고', '동여뢰정(動如雷霆) 움직이기가 천둥과 같다'라는 글이 이어집니다. 이는 몰래 행동할 때는 그늘처럼 아군의 모습을 보이지 않고, 싸울 때는 천둥과 같이 거세게 공격한다는 의미로 상황에 따라 군사를 적절하게 운용해야 승리할 수 있음을 가르치고 있습니다.

chapter 4

지지 않는 조직 만들기

전쟁이나 비즈니스 경쟁에서는
홀로 승리를 쟁취할 수 없습니다.
리더와 부하가 어떻게 행동하고 연계하는지가
승부에 중요합니다.

01

조직의 연대를 강화하라

'우리 회사는 영업부와 제조부의 사이가 나쁘다'라는 등의 이야기를
종종 듣습니다. 여러분의 회사는 괜찮습니까?

병법에 기재된 고전적인 전법의 하나로 '적군의 연계를 끊어 약하게 만든다'라는
방식이 있습니다. 반대로 말하면 '연계가 잘 되어 있는 군은 강하다'는 얘기가 되
겠지요. 군대는 상관·병사, 선봉·후위, 기마대·보병대 등 소단위로 편성되어 있
기에 협동이 필수입니다. 스포츠팀, 학급, 회사 등 모든 조직, 단체도 마찬가지입
니다.

조직에 꼭 필요한 연대 의식

같은 회사 소속이라도 부문이나 업무가 다르면 서로 반목하거나 교섭이 되지 않는 경우가 종종 있습니다. 하지만 그대로 방치하면 내부 붕괴의 위험이 있으므로 불만을 쌓아두지 말고, 그 즉시 제대로 해소해야 합니다. 단, 감정적으로 다투지 말고 건설적인 의견을 나누는 것이 중요합니다. 대화가 원활하게 이루어지지 않는 조직은 제대로 된 연대 플레이를 할 수 없습니다.

건설적인 의견을 나눌 수 있는 조직 만들기

one point

소수 의견에 귀 기울이지 않고 다수 의견만 따르면 조직력이 약해진다.

02

공격보다 완벽한 수비가 우선이다

손자는 수비를 중시하라고 가르칩니다. 어떻게 보면 '자기 할 일을 다 하고 하늘의 명을 기다린다'라는 말과 상통하는 사고방식입니다.

《아들러 심리학》에서는 '상대방의 과제는 상대방에게 맡기고, 자신은 자신의 과제에 집중하라'고 말합니다. 왜냐하면 사람이 자력으로 통제할 수 있는 것은 자신뿐이기 때문입니다. 그렇게 생각하면 '우선 아군의 수비를 굳건히 하라'는 손자의 가르침도 이해할 수 있습니다. 적군(상대방)을 통제할 수는 없기에, 아군(자신)을 우선하는 것입니다. 좀 더 이해하기 쉬운 비즈니스 상황을 예로 들어 보겠습니다.

이기기 위해 약점을 없앤다

예를 들어, 경쟁사 제품의 품질과 가격이 더 높다는 조사 결과가 나왔습니다. 그럼 우선 자사 제품 중 품질이 떨어지는 부분을 제대로 보강하는 것이 중요합니다. 그리고 경쟁사의 제품이 고가라는 약점을 이용해 합리적인 가격으로 상품을 출시합니다. 하지만 경쟁사가 자사보다 더 좋은 품질로 보강하면 이길 수 없습니다. 그렇기 때문에 준비를 완벽하게 해야 합니다.

상대가 허점을 보이면 기회

허(虛)
자신과 상대, 모두에게 존재하며 결국 적을 승리로 이끄는 요인이 된다.

조직 구축

03 부하직원의 의욕을 높여라

부하들의 기운을 북돋는 것은 군대를 이끄는 자의 의무적 소양입니다.
일부러 가혹한 상황으로 몰아넣는 방법도 잘만 사용하면 효과가 탁월합니다.

시험공부를 계속 미루다 시험이 임박하자 굳은 결심을 하고 밤을 새워가며 공부했더니 의외로 높은 점수를 받아본 경험이 있습니까? 인간은 위기 상황에 몰리면 엄청난 능력을 발휘하는 경향이 있습니다. 위급한 상황에서 초인적인 힘이 나온다든지, 물러날 곳이 없을 때 총력을 다하는 현상입니다. 손자는 의욕이 부족한 병사들 동기 부여에 이를 활용했습니다.

인간은 몰리면 힘을 발휘한다

일본의 맹장 시바타 가쓰이에(柴田勝家)는 결전을 치르기 전, 성에 남은 물을 모두 모아 병사들에게 한 사발씩 먹이고 자신의 창으로 물 항아리를 모두 깨뜨렸습니다. 마실 물조차 없으니 죽기로 싸워야 하는 극한의 상황을 만듦으로써 부하들의 사기를 높이고, 승리를 쟁취한 것입니다. 이 방법을 쓸 경우 그만두겠다는 사람도 생길 수 있고, 의도했던 것 이상으로 궁지에 몰려 마음이 약해지는 사람도 나올 수 있으므로 조절에 주의할 필요가 있습니다.

위기의식을 공유하고 모두 한 마음으로 대처하게 한다

조직 구축
04
일류를 목표로 하라

주식이나 경마를 해본 사람은 알겠지만, 고위험 고수익이 매력적이긴 합니다.
하지만 그보다는 업무의 전문성을 키우는 것이 인생에 있어 훨씬 견실합니다.

이기기 쉬운 적을 상대로 승리하라는 손자의 말은 단순하고 명백합니다. 당연한
일을 소중히 여기라는 손자다운 생각입니다. 이길 수 있는 적을 상대하면 리스
크가 적습니다. 확실성이 높은 견실한 방법으로 승리보다는 불패를 목적으로 하
라는 것에 가깝습니다. 전쟁(경쟁)은 한 번의 승리로 끝나지 않기에 각각의 승부를
확실히 해나가는 것이 중요합니다.

패배하지 않는 것을 목적으로 확실한 일을 한다

▲조용한 A 씨의 업무에 대해 다른 사람들은 잘 모른다.

▲A 씨가 결근하면 직장은 아수라장이 된다.

손자의 조언
훌륭한 사람은 쉽게 이길 수 있는
상대를 이기는 자이다.

또한, 여기에는 '이기기 쉬움'을 판별하는 능력이 있어야 한다는 전제가 존재합니다. 특정 분야의 장인들은 '전문가니까 당연히 할 수 있다'라는 태도로 담담하게 임하는 느낌을 줍니다. 게다가 뛰어난 장인은 수십 년 동안 그 일에 매진하여 주위로부터 일류라고 칭송받아도 정진을 게을리하지 않습니다. 당연한 일을 당연하게 해내는 것은 사실 매우 높은 경지를 의미합니다.

당연히 할 수 있어야 전문가 수준이다

조직 구축

05

감정을 조절하라

누구나 한 번쯤은 감정적으로 대응하는 바람에 실패해 본 경험이 있을 겁니다.
'항시 냉정해야 이긴다'라는 손자의 말대로입니다.

살다 보면 참으로 다양한 감정들이 생깁니다. 분노에 휩싸여 머리끝까지 혈압이 훅 오르거나, 공포에 질린 나머지 공황을 일으키는 일도 있습니다. 부정적인 사람이든 긍정적인 사람이든 큰 감정에 휩쓸리면 냉정한 판단을 하지 못하고 실패하게 됩니다. 손자는 그것을 훈계하며 '항상 냉정을 유지하라'고 말합니다. 그러나 유감스럽게도 구체적인 방법을 가르쳐 주지는 않았습니다.

인간은 저도 모르게 발끈하여 실패하기 쉽다

감정적이 되면 잘못된 판단을 하기 쉽다. 싸움에 이기려면 냉정을 유지하는 것이 중요하다.

빌어먹을, 부하에게 배신당했어!!!

── 손자의 조언 ──
싸움은 냉정하지 못한 쪽이 진다. 항상 냉정함을 유지해야 승리할 수 있다.

마음대로 솟구치는 감정을 제어하는 것은 사실 불가능하므로 냉정함을 유지한다는 것은 감정을 없애는 것이 아니라 일어난 감정을 '계속 이어가지 않는다'라는 의미입니다. 감정은 표현을 통해 승화되므로 분노나 슬픔, 공포 등을 느끼면 마음껏 소리치거나, 글로 쓰거나, 밖으로 나가 숨을 고릅시다. 마인드풀니스(Mindfulness) 같은 명상도 효과적입니다. 자신에게 맞는 방법을 찾는 것이 중요합니다.

냉정을 유지하는 방법이란

분노를 통제하는 훈련법

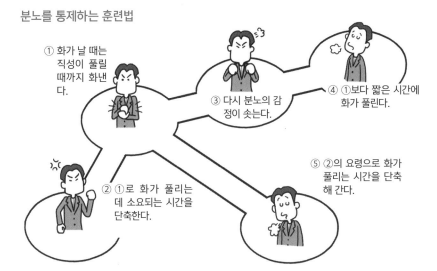

① 화가 날 때는 직성이 풀릴 때까지 화낸다.

③ 다시 분노의 감정이 솟는다.

④ ①보다 짧은 시간에 화가 풀린다.

⑤ ②의 요령으로 화가 풀리는 시간을 단축해 간다.

② ①로 화가 풀리는 데 소요되는 시간을 단축한다.

마인드풀니스

① 허리를 펴고, 몸을 가볍게 흔들면서 중심을 찾는다. 눈은 사뿐히 감는다.

② 편안하게 기분 좋은 호흡을 하고, 오로지 반복되는 호흡에만 의식을 집중한다.

③ ②의 호흡을 5분 정도 반복한다.

조직 구축

06 승리를 확정한 후에 싸워라

스포츠 분야에서는 이제 상식으로 통하는 이미지 트레이닝.
손자는 기원전부터 그 효과를 알고 있었습니다.

올림픽 금메달리스트나 유명 메이저리그 선수들이 경기에 앞서 머릿속으로 최고의 기량을 펼치는 자신을 상상한 후 경기에 임해 실제로 우수한 성과를 낸다는 사실은 잘 알려져 있습니다. 자신이 원하는 성과를 생생한 이미지로 만들고 기정사실로 인지하면 성공을 끌어당기는 힘이 생겨납니다. 손자 역시 같은 차원으로 '승병은 미리 이기고 전쟁터로 간다(패병은 그 반대)'라고 이야기 합니다.

이기는 이미지가 생긴 후 싸운다

진행 과정을 미리 떠올리고 나서 상담에 임하는 영업사원처럼,
이기는 이미지가 생기고 나서 싸우는 것이 베스트이다.

이쯤에서
이 자료를 보여
달라고 하겠지.

이 이야기를 하면,
이렇게 묻겠지.

Happy Birthday

거래처 담당자
생일이
다가왔네.

손자의 조언
승리를 거두는 군은 먼저 승리를 확정해 놓고 그 승리를 이루기 위해 전투에 임한다.

교세라 주식회사의 전 회장 이나모리 카즈오(稲盛和夫)는 머릿속 이미지가 흑백 정지화면에서 컬러 동영상으로 바뀌면 실현이 가까워진 것이라고 말합니다. 만약 상상할 수 없다면 아직 승부를 겨룰 때가 아니며, 훌륭한 리더는 승부를 겨룸에 있어 그만큼 신중하다는 의미입니다. 눈부신 승리는 아니더라도 이길 수 있다는 전망이 섰을 때 확실한 승리를 거두는 것이 가장 바람직하다고 손자는 말합니다.

이길 수 있는 적에게 확실히 이긴다

07 적과의 비교 요소를 살펴라

앞서 '저 상대라면 이길 수 있다!'라는 판별이 중요하다고 이야기했습니다.
그럼 구체적으로 어떤 방법으로 판별할 수 있을까요?

자신과 상대의 전력을 비교해 자신이 이길 수 있다는 확신이 들었을 때 움직이는 것이 병법의 원칙입니다. 손자는 전쟁에서 승리하려면 다음의 5가지를 고려하라고 하였습니다. '첫째는 도(度), 둘째는 양(量), 셋째는 수(數), 넷째는 칭(稱), 다섯째는 승(勝)'입니다. 풀어보면 전장의 넓이·위치(도)에 의해서 투입해야 할 물량(량)이나 필요한 병사의 인원수(수)가 정해지고, 그것이 상대와의 전력 차이(칭)가 되어, 승률(승)이 산출된다는 일련의 흐름입니다.

성공을 위한 다섯 가지 조건

손자가 말하는 아군과 적군을 비교하는 데 중요한 요소인 '도(度), 양(量), 수(數), 칭(稱), 승(勝)'은 비즈니스에도 해당한다. 이 과정을 거치면 승패가 저절로 산출된다.

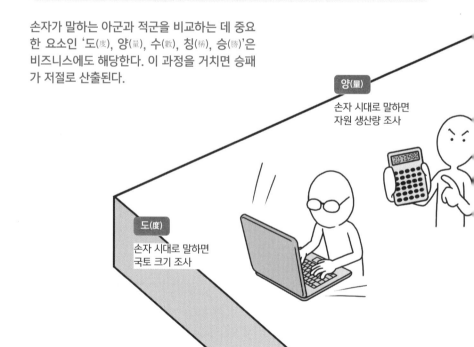

양(量)
손자 시대로 말하면
자원 생산량 조사

도(度)
손자 시대로 말하면
국토 크기 조사

이를 회사에 적용해 보면, 시장 조사(도), 비용 계산(양), 인원 배치(수)가 동종 타사와 비교하여 얼마나 차이가 나는가(칭)에 따라 승산의 유무(승)가 예측됩니다. 이는 보통 기업 최고 경영자의 과업으로 특히 제조업이나 유통업에서 중요합니다. '지는 싸움은 하지 않는다'라는 손자식 사고방식에 따라 수험생이 어떤 학교를 지원할 것인지, 취업 준비생이 어떤 자격증을 취득할 것인지 등의 목표 설정에도 응용할 수 있습니다.

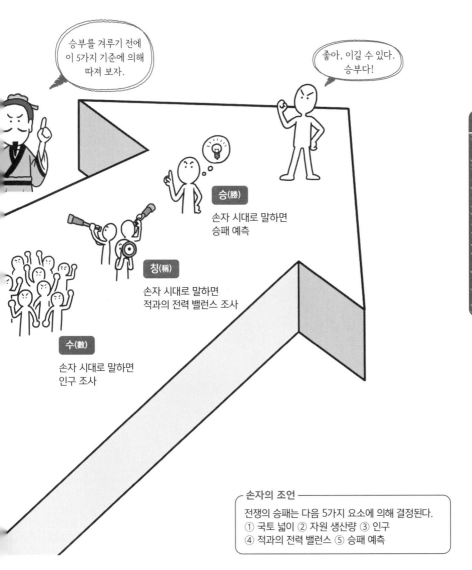

승부를 겨루기 전에 이 5가지 기준에 의해 따져 보자.

좋아, 이길 수 있다. 승부다!

승(勝)
손자 시대로 말하면 승패 예측

칭(稱)
손자 시대로 말하면 적과의 전력 밸런스 조사

수(數)
손자 시대로 말하면 인구 조사

── 손자의 조언 ──
전쟁의 승패는 다음 5가지 요소에 의해 결정된다.
① 국토 넓이 ② 자원 생산량 ③ 인구
④ 적과의 전력 밸런스 ⑤ 승패 예측

조직 구축

08

싸우는 방법의 토대를 몸에 익혀라

정공법과 기책을 자유자재로 사용할 수 있으면 최강입니다.
상대가 어떤 식으로 나오더라도 모두 대응할 수 있기에 지지 않습니다.

천재 화가 피카소의 그림을 보고 '어린아이의 낙서 같다'라고 말하는 사람들도 있습니다. 하지만 그림을 배우지 않은 아이가 그런 그림을 그리진 못합니다. 데 생이라는 기본 기술을 익혀야 기발한 발상이 생겨나는 것입니다. 전투에서도 마찬가지로 정면 승부로 이길 수 없는 군대는 기습작전에 성공할 수 없습니다. 스포츠에서도 놀라운 기량을 발휘하는 선수일수록 기본이 충실한 법입니다.

정공법과 기책을 구별하여 쓴다

손자는 정공법과 기책을 제대로 사용할 줄 알면 지지 않는다고 말한다.
이는 비즈니스에도 적용된다.

우선은 기본적인 일을 예사로이 할 수 있도록 합시다. 비즈니스의 기본은 인사나 보답, 경조사 등을 챙기는 인사 매너와 비즈니스 관련 용어 등을 포함한 배경지식입니다. 기본을 제대로 익히고 나면 자연스럽게 자기 나름의 스타일이 만들어집니다. 정석을 기본으로 삼되, 때에 따라서는 정석에서 벗어나 기발한 방법으로 공격하는 것이 이상적인 전투 방식입니다.

정석을 제대로 익히는 것이 우선이다

피터 드러커 책 정도는 읽어둬야지.

드러커

비즈니스의 기본은 보고·연락·상담이다.

보고 연락 상담

축구의 기본인 리프팅 연습이다.

정석을 알고 있으면 상대가 정공법과 기책 중 어느 쪽을 사용해도 대응할 수 있다.

손자의 조언
정공법과 기책을 구별하여 쓸 수 있다면 상대가 어떻게 나오든 지지 않는다.

조직 구축

09 정면으로 맞서고, 허를 찔러 이겨라

전력이 동등한 적군과 아군이 '정공법'으로 대치한 결과, 진퇴양난에 빠졌을 때가 '기책'을 쓸 차례입니다.

손자는 '기본에 충실한 정공법으로 적과 맞서고 상대의 허를 찌르는 기책으로 이 긴다'라고 말합니다. 이론적으로 봤을 때 서로 엇비슷한 세력을 가진 상대끼리 정면으로 충돌하면 승부가 나지 않는 교착 상태에 빠지므로 이를 타파하기 위해 기책을 씁니다. 조조가 말의 입에 재갈을 물리고 밤에 진군하여 원소의 군대를 포위한 뒤, 일제히 불을 던져 아수라장을 만들고 승리한 일화가 있습니다. 조조 가 기책인 기습 작전을 썼기 때문에 1/10의 전력으로도 승리를 거둔 것입니다.

정공법과 기책은 상대와의 관계에 따라 달라진다

114

단, 기책은 일회성입니다. 전례가 생기고 나면 더이상 기발하지 않기 때문입니다. 계속 반복되거나 다른 사람이 따라 하기 시작하면 기책이 아닌 정공법이 됩니다. 그러므로 다음 기책을 쓸 때는 지난 기책을 넘어서는 아이디어가 필요합니다. 과거의 영광에 연연하지 말고, 항상 변화하는 것을 두려워하지 말아야 합니다. 다양한 시각과 도전정신을 가지도록 지속적인 노력을 합시다.

손자의 조언

전투는 정공법으로 상대와 맞서고, 기책을 써서 승리하는 것이다.

조직 구축
10
싸우는 방법은 무한하다

앞서 소개한 '정공법'과 '기책'에 대해 손자 자신의 해설을
좀 더 자세히 살펴보겠습니다.

지금까지 살펴본 바에 의하면 싸우는 방법은 '정공법'과 '기책' 두 가지밖에 없습니다. 하지만 손자는 음계, 색상, 미각을 예로 들어 '재료가 한정되어 있어도 조합에 따라 무한한 변종을 만들 수 있다'라고 말합니다. 정공법과 기책의 조합은 무한하고, 둥근 고리의 끝점을 알 수 없듯 영원히 계속 만들어집니다. 제대로 이해하기 위해 정공법과 기책의 정의를 좀 더 확인해 보겠습니다.

정공법과 기책은 항상 변화한다

마이클 잭슨의 성공으로 가수에게 있어 춤은 더이상 기책이라고 할 수 없게 되었다. 노래와 춤 실력을 겸비하는 것이 정공법이 된 것이다.

정공법 미성

기책 문워크 등의 춤

정공법인 미성과 기책인 춤을 겸비했기 때문에 마이클 잭슨(Michael Joseph Jackson)은 세계적인 인기를 얻었다.

─ 손자의 조언 ─
기책을 교묘하게 다루는 군의 전략은 하늘과 땅처럼 끝이 없고, 큰 강물처럼 마르지 않는다.

정공법은 이른바 정석, 왕도, 이론적으로 '이 경우 이렇게 할 것이다'라고 예측 가능한 공격입니다. 반대로 '설마 이렇게 나올 줄은 몰랐어!'라는 반응이 나올 만한 것이 기책입니다. 기습에 대비해 경계하고 있는 상대를 기습하면 '역시 그럴 줄 알았다'라며 상대가 예측한 대로 되었으니 정공법입니다. 요컨대 정공법 → 기책 → 정공법이 순환하므로 손자는 정공법과 기책을 동시에 사용하라고 말합니다.

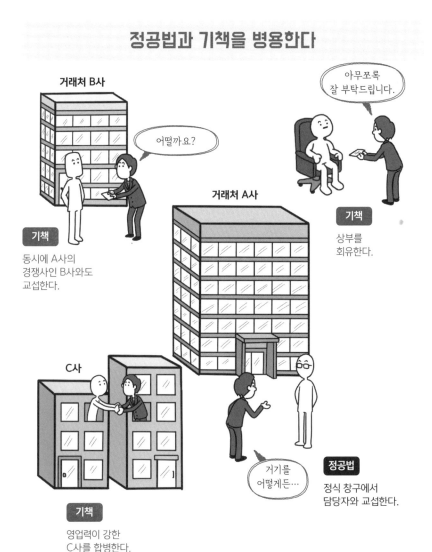

정공법과 기책을 병용한다

거래처 B사

어떨까요?

아무쪼록 잘 부탁드립니다.

기책
동시에 A사의 경쟁사인 B사와도 교섭한다.

거래처 A사

기책
상부를 회유한다.

C사

거기를 어떻게든…

정공법
정식 창구에서 담당자와 교섭한다.

기책
영업력이 강한 C사를 합병한다.

조직 구축

11 위기를 에너지로 바꿔라

부하의 사기를 올리는 기술중 하나입니다. P102도 참고해 주세요.

군대의 사기에 대해 쓴 '병세편'에는 '군사를 잘 싸우게 하는 자의 기세가 둥근 바윗돌을 높은 산에서 굴리는 것과 같다면 그것이 전쟁의 기세이다'라고 쓰여 있습니다. 손자는 '기세'를 매우 중시하고 있으며 '기세'가 있으면 각진 돌도 둥근 돌처럼 굴러간다고 말합니다. 회사로 치면 '뛰어난 상사는 부하의 의욕을 최대한 끌어낸다'라는 의미입니다.

위기감을 기세의 에너지로

이 상황을 타개해 봐!

졸고 있어서 죄송해요!

때로는 부하들을 위기 상황에 몰아넣고 의욕을 북돋는 것이 훌륭한 상사이다.

손자의 조언

조직과 개인 모두 안정된 상태보다 위기 상황에 있을 때 기세가 붙는다.

인간은 기본적으로 안락함을 추구하는 동물로 안정된 환경에 놓여 있으면 행동하지 않게 됩니다. 그럴 때 일부러 위기 상황을 만들면 각성 효과가 생깁니다. 긴장감을 주면 '이대로 괜찮아'가 '이대로는 위험해!'로 전환되기 때문에 이외의 능력이 발휘되거나 새로운 아이디어가 나옵니다. 다만, 다급한 상황이 발생한 후에는 너무 늦으니 미리미리 준비합시다.

항상 능력을 발휘하는 방법

항상 긴장감을 가지고
담당 업무에 몰두한다.

문제점을 밝혀내고
자기 스스로 행동에 옮긴다.

조직에 동기를 부여하고
의욕을 끌어낸다.

조직 구축

12

목표를 공유하라

손자가 연대 의식의 중요성을 강조했다는 것을 앞서 소개한 바 있습니다.
이를 위해 필요한 것은 무엇일까요?

손자가 살았던 시대에서는 병사들의 주의를 한곳에 모아 일사불란하게 움직이
도록 징과 북, 깃발 등을 연락 수단으로 사용했습니다. 현대 사회에서는 스마트
폰과 PC가 그 역할을 대체하고 있으며 사람의 이목을 집중시키는 용도로 사용
된다는 사실도 동일합니다. 이를 비즈니스에 적용하면 업무 관련자들의 의식을
한곳에 집중시키고 동일한 목표를 함께 공유하는 것입니다.

구성원들의 동료 의식을 높이는 방법

넌
누구냐?

너희가 누군지
모른다.

우리는
동료다!

한마음 한뜻이
되어 열심히 하자!

공유에 익숙하게
만드는 것이
동료 의식을
고취하는 효과적인
수단이다.

┌ 손자의 조언 ─
내가 살던 시대에는 전장에서 병사
의 이목을 통일하기 위해 종과 북,
깃발을 사용했다. 현대 직장에서
는 공통 교육을 통해 동료 의식을
높일 수 있다.

공유의 목적에는 이번 달 매출 신장 등 단기적인 것도 있는가 하면 10년, 100년 후를 내다보는 장기적 비전도 있습니다. '고객 제일, 고객 감동' 등의 경영이념이 사무실 벽이나 음식점에 붙어 있는 이유도 그중 하나입니다. 공동으로 추구하는 목표가 없으면 결속력이 약해지고, 직장 전체의 사기도 떨어집니다. 개인적으로도 자신이 소망하는 바를 명확한 목표로 설정하면 실현 가능성이 커집니다.

자신들이 향할 곳을 공유한다

121

《손자》에 조예가 깊었던

조조

《삼국지》의 주역급 등장인물 중 한 사람인 조조는 한 왕조를 섬겼지만 황제가 유명무실해지고 군웅할거의 시대로 접어들자, 전쟁에서 승리하면서 천하의 패권을 거머쥐게 되었습니다. 천하통일을 꿈꾸던 조조가 적벽대전에서 손권과 유비의 연합군에게 패하면서 중국은 조조의 위나라, 손권의 오나라, 유비의 촉나라로 나뉜 삼국시대가 되었습니다. 사실 조조는 병법서 《손자》에 깊이 관여했습니다. 현재 우리가 읽고 있는 《손자》는 13편으로 나누어져 있는데, 이 형태로 편집한 사람이 조조였습니다. 조조 때의 《손자》는 손무 사후, 가필이 반복되면서 82편으로 부풀려졌으나 조조의 편집을 통해 본래의 《손자》 형태에 가깝게 되돌려졌습니다. 조조는 주석도 덧붙였는데, 뛰어난 장수이자 문인이었던 조조이기에 그 주석의 가치 역시 높다고 평가받고 있습니다.

chapter 5

임기응변으로
싸우는 방법

상황이 끊임없이 바뀌는 전투에서는
그에 대응할 수 있는 정확한 판단을 내려야 합니다.
손자가 가르치는 임기응변으로
싸우는 법을 배웁시다.

01 환경에 따라 전략을 바꿔라

손자는 9가지 전장에 따라 군을 운용하는 방식이 달라진다고 말합니다.
그중 비즈니스에 적용할 수 있는 5가지 지형 '산지, 중지, 쟁지, 구지, 경지'와
대응 전략에 대해 알아보겠습니다.

지형은 내가 처한 환경이니 우선은 받아들이고, 그 특징이나 조건을 자신에게 유리하게 살려야 합니다. 바꿔야 할 것은 환경이 아니라 나 자신입니다. '산지'는 적이 침입한 자국 영토로, 재산과 가족에 대한 걱정으로 아군의 정신이 산만해집니다. 자국 영토에 막대한 피해가 발생하므로 가능한 전투를 삼가야 합니다. '중지'는 적진에 깊이 들어갔기에 아군 병사들이 도망치지는 못하지만, 진퇴도 쉽지 않습니다. 따라서 적지에서 보급품을 충당할 수 있느냐가 승패를 좌우합니다.

비즈니스의 5가지 지형

마음이 산란하여 일에 집중할 수 없을 때는 선배나 상사에게 상의해야 한다.

해외 지사의 경우 본사 업무 방식에 협력할 수 있는 인재를 현지에서 확보해야 한다.

'쟁지'는 아군과 적군이 서로 먼저 점령하기 위해 다투는 요충지입니다. 아군이 선점하는 것이 유리하나, 적이 먼저 점령하였다면 선불리 공격하지 말고 상황을 지켜봐야 합니다. '구지'는 아군, 적군 그리고 제3국이 접경한 지역으로 먼저 제3 국과 긴밀한 우호 관계를 맺어야 지원을 받을 수 있습니다. '경지'는 아군이 적지 에 들어갔으나 깊이 진입하지 않은 지역으로 아군의 심리가 불안해지고 도주하 기 쉽기 때문에 주둔하지 말고 지나치거나, 차라리 더 깊숙이 들어가야 합니다.

손자의 조언

지형(자국과 적국의 위치관계)을 참고하여 용병을 판단해야 한다.

02

변화하는 상황에 필요한 3가지 마음가짐

손자의 말은 때로 수수께끼처럼 느껴집니다. '질서 속에서도 혼란이 나오고, 용감함에서도 비겁함은 생기며, 강함에서도 약함이 발생한다' 라는 말은 무슨 뜻일까요?

지구상에 낮과 밤이 있듯이 빛과 그림자가 번갈아 바뀌는 것이 세상의 이치입니다. 질서정연한 조직도 언젠가는 혼란스러워집니다. 용기 있는 사람이 겁쟁이가 되고, 강함이 약함으로 바뀔 수 있습니다. 그렇기에 방심해서는 안 됩니다. 손자는 '질서와 혼란은 편제에 달려있고, 용맹과 비겁의 차이는 기세에 달려 있으며, 강함과 약함은 태세에 달려 있다'라고 하였습니다. 비즈니스에 있어서도 통제력, 기세, 태세가 중요합니다.

통제력, 기세, 태세를 갖춰 조직을 재정비 한다

예를 들어, 회사 매출이 높은 시기에는 무심코 우쭐해져서 세세한 부분에 대한 주의를 게을리 합니다. 그런 자만심은 생각지도 못한 실수를 일으킵니다. 베테랑 직원들에게 의존해왔던 조직이 시간이 지남에 따라 점점 경직되고 노후되는 현상도 마찬가지입니다. 항상 자기 점검을 게을리 하지 않고 반성해야 할 것은 반성하고 개선하며 개혁해 나갑시다. 손자병법에서는 이처럼 변화에 적극적으로 대처하는 것이 중요하다고 거듭 강조하고 있습니다.

자만심을 버리고 반성한다

손자의 조언

안정되려면 통제력이, 용기에는 기세가, 강함을 가지려면 태세가 필요하다.

03

때로는 도망칠 용기도 필요하다

도망친다고 하면 비겁하다는 생각이 들지만 무모한 싸움으로 전력을 잃는 것보다
일단 후퇴하는 편이 더 좋을 수도 있습니다.

1995년 영화 〈포레스트 검프〉에서 베트남 전에 참전하는 주인공에게 여자 친구
가 '무조건 도망가'라고 말합니다. 그 조언을 따른 덕에 무사히 귀환하고, 후에 큰
부자가 되어 행복한 삶을 영위합니다. 반면, 역사적으로 실패한 전쟁 사례들을
보면 노력과 지원이 아무 도움도 되지 않을 상황임에도 무모하게 병력을 계속
투입하는 바람에 수많은 젊은이들이 희생하고, 국가 재정에 막대한 피해를 입기
도 했습니다.

맞서는 것만이 최선은 아니다

손자병법은 정신론이 아니므로 전쟁에서 죽는 것을 미화하지 않습니다. 너무나 강대한 적을 대상으로 무모한 싸움에 도전하여 명분 없는 죽임을 당할 정도라면 일단 물러서 태세를 다시 갖추자는 '긍정적인 도망'을 권합니다. 기획 재검토, 인력 교체, 예산 재편성 등 경쟁에서 이탈한 동안에도 할 수 있는 일은 많습니다. 그렇게 차분히 준비하면서 다음 기회를 기다리면 됩니다.

one point

도망치는 것은 결코 비겁하지 않다. '최종에 이기기' 위한 중요한 전략이다.

이쪽이야.

이길 수 없었다.

도망치는 것이 이기는 것.

대기업과는 다른 루트로 공격하시죠.

작전을 다시 세우자.

전략

04

일의 주도권을 쥐는 것이 중요하다

팀워크를 너무 중요하게 생각한 나머지 다른 사람에게 휘둘리고 있지는 않나요?
이기기 위해서는 자신의 페이스를 지키는 것이 필요합니다.

상대에게 조종당하면 전쟁에서 이길 수 없습니다. 따라서 내가 주도권을 확실히
잡아야 합니다. 주도권을 가진다는 것은 자기 뜻대로 조종하고, 통제하며, 휘두
른다는 의미입니다. 하지만 살다보면 주도권을 가져야 할 상대가 적으로만 한정
되지 않습니다. 친한 사람의 조언이나 의견 또는 주위의 혼란이나 돌발적인 문제
들에 대해서도 주도권을 가지고 끌려가지 말아야 합니다.

누구에게·무엇에 휘둘리는 걸까

우리는 공감성이 높고 분위기 파악에 능숙하기 때문에 자신보다 주위를 우선하는 경향이 있습니다. 내 업무는 끝났지만 동료가 야근하고 있으면 먼저 퇴근하기가 마음 편치 않습니다. 주변 분위기에 휩쓸려 하고 싶은 일을 못 하거나, 자신의 의견이 다수와 달라 발언하지 않는 등 자신을 억누르다 보면 결국 일을 잘할 수 없습니다. 적군에 대해서도 아군에 대해서도 자기주장을 제대로 펼침으로써 남에게 주도권을 넘기지 않도록 합시다.

자기중심을 단단히 잡는다

전략

05

적의 허를 찌르는 전법

손자병법에는 지지 않는 방법이 가득합니다. 그중 적의 허를 찌르는 작전에 대해 알아보겠습니다.

'처음에는 처녀처럼 얌전하게 있다가 적이 빈틈을 보이면 맹렬하게 돌진하라'는 손자의 말은 순진한 신문기자 클라크 켄트가 슈퍼맨으로 변신하는 모습을 연상 시킵니다. 경쟁상대에 접근할 때는 자신을 크게 내세우지 않습니다. 괜한 경쟁심 을 부추기는 것은 쓸데없는 적을 만들지 말라는 손자의 정신에 어긋납니다. 오히 려 겸허하게 행동함으로써 상대의 방심을 유도합시다.

자신을 크게 보여주지 않는다

예를 들어, 경쟁사 사람을 만나 이야기할 기회가 있으면, 자신의 말은 아끼고 주로 상대의 이야기를 듣습니다. 경청은 상대의 마음을 열게 하는 커뮤니케이션 능력의 하나입니다. 상대가 깜빡하고 비밀 정보라도 누설해 준다면 기다리고 있었던 기회를 잡은 셈입니다. 도망가는 토끼처럼 날쌔게 움직여 이득을 챙깁시다. 물론, 즉시 움직일 수 있을 정도로 평소에 준비 태세를 갖추고 있어야 합니다.

싸움에서는 연기력도 중요하다

전략

06

싸우고 싶지 않을 때 대처법

맞서 싸우고 싶지 않고, '도망갈 용기'(P128)도 없을 때는 어떻게 해야 할까요.

초등학교 때 책상에 선을 긋고 '여기 넘어 오지 마!'라며 친구의 접근을 막았던 경험이 있을 것입니다. 그와 같은 방법으로 싸움을 피할 수 있다고 손자는 말합니다. 선을 그어 마치 '적국의 거점인가?'라고 생각하게 만들고, 실제로는 다른 장소로 이동합니다. 이는 적의 예상을 어지럽히고 판단을 그르치게 하는 목적으로 사용하는 양동작전입니다.

경쟁자의 주의를 다른 곳으로 돌린다

경쟁사 사람들과의 대화

고급 번화가 노른자위 땅에 슈퍼타워를 건설할 계획이 있어.

거, 굉장하군!

그건 계획일 뿐, 사실은 다른 사업을 시작할 거야. 경쟁사들 안녕~

우리끼리만 하는 얘기로, 재미있는 사업 시작하는 사람 있어?

손자의 조언

아군이 싸움을 피하고 싶으면 단순히 땅바닥에 선을 그어 표시만 해두는 간단한 방비로도 적이 공격해 오지 못하게 할 수 있다. 그것으로 적에게 진로를 속이고 판단을 그르치게 할 수 있기 때문이다.

그런 명당이 남아 있었다니…

양동작전은 실제로 싸우지는 않지만 적을 견제하는 작전으로 적이 예상하지 못하는 방비를 취해 섣불리 공격하지 못하게 하거나, 공격할 것처럼 주의를 돌려 방어 체제를 무너뜨리고 아군이 목표한 전략 달성을 용이하게 만드는 것입니다. 소규모 회사는 내부 사정이나 의도를 숨기고, 경쟁 상대를 깜짝 놀라게 할 서비스와 상품에 경영 자원을 집중하는 것이 최선입니다. 한정된 범위라면 대기업보다 뛰어난 성과를 낼 가능성도 있습니다. 비즈니스 전쟁에서 살아남기 위해서는 그러한 궁리가 매우 중요합니다.

막강한 적을 쓰러뜨리기 위한 작전

전략

07

해야 할 일에 먼저 집중하라

매우 바쁘게 일하고 있음에도 성과가 느껴지지 않는다면,
원래는 안 해도 될 일을 하고 있을지도 모릅니다.

소모하지 않고 효율적으로 목적을 달성하거나 승리를 거두려면 길이라도 지나가면 안 되는 곳이 있고, 적군이라도 공격하지 말아야 할 때가 있으며, 적의 성곽이라도 공격하지 말아야 할 곳이 있습니다. 그렇기 때문에 도망치거나, 속이는 등의 전술이 존재하는 것입니다. 비즈니스맨 개인으로 빗대면 '의미 없고, 이익이 되지 않는 업무를 수행할 필요는 없다'라고 말할 수 있지 않을까요.

하지 않아도 되는 일을 알아둔다

윗사람이 시키는 일을 거절하지 못하고 억지로 맡을 때도 있을 겁니다. 그러나 손자는 따르지 않아도 되는 명령도 있다고 단언합니다. 거절하든 따르든, 중요한 것은 동기입니다. 단지 귀찮아서 안 한다든지, 상사가 언짢아할 것이 두려워서 억지로 하고 있지는 않나요? '회사 전체의 이익'이라는 본래의 목적으로 돌아가 따라야 할 명령과 그렇지 않은 명령을 구별해야 합니다.

이익이 되지 않는 일을 억지로 요구하면 거부한다

전략

08

어떠한 싸움에도
안전한 거점이 필요하다

군대 주둔지는 말하자면 사무실입니다. 작업 장소를 좋은 환경으로 만드는 것은 예나 지금이나 승리의 기본입니다.

좋은 주둔지의 조건으로 손자가 꼽고 있는 것은 통풍이 잘되고 따뜻한 곳입니다. 군인은 몸이 자산이므로 건강을 해칠 수 있는 환경에서 머물면 안 되며, 쾌적한 환경에서 잘 먹고, 편히 쉬어야 합니다. 현대 비즈니스맨도 마찬가지입니다. 직장 환경을 정돈해 심신의 컨디션을 양호하게 유지하고, 싸움을 견뎌낼 수 있는 체력과 기력을 키워 둡시다.

직장 환경을 정비한다

각종 직장 내 괴롭힘 문제가 사회적으로 제기되고 있는 지금, 육체적인 건강뿐만 아니라 정신적인 건강 관리도 매우 중요합니다. 유연근로시간제, 유급 휴가의 확보, 사내 상담사 도입 등, 스트레스 대책을 배려한 환경을 만드는 것은 경영자의 기본적인 책임입니다. 동시에 각 개인의 자기관리 역시 빠뜨릴 수 없습니다. 수면 부족, 과식, 과음, 흡연, 운동 부족이라고 생각하는 사람은 반드시 생활 습관을 개선해야 합니다.

직장과 개인 모두 건강을 돌보고 관리한다

회사는 직원의 건강을 배려하고, 직원 개인은 자기 관리를 철저히 하여
좋은 건강 상태를 유지하면 이기기 위한 환경이 구축된다.

자기 관리

과음 금지

규칙적인 식사

충분한 수면

과식 금지

유급 휴가의 확보

적당한 운동

유연근로시간제 도입

직장의 배려

사내 상담사 도입

─ 손자의 조언 ─
굳이 주둔할 때는 건조한 고지대를 택하고, 습한 저지대를 피해야 한다. 양지를 택하고, 음지를 피해 쾌적한 환경에서 병사들의 건강을 돌보면 전투력이 상승하여 필승을 기약한다.

건강과 환경 모두 배려하는 것이 필승 태세를 구축하는 것이다.

전략

09

일이 예정대로 진행되지 않을 때

무슨 일이든 하나의 표준이나 규칙만 적용해 처리하기는 어렵습니다.
일에는 예정에 없던 변수가 으레 따르기 마련이므로 초조해하지 말고
적응하는 여유를 가지는 것이 좋습니다.

3장에서 '군대의 형세는 물처럼 변화해야 한다(P91)'라고 하였습니다. 그에 이어서 '상대나 상황의 변화에 맞추어 적절한 행동을 취함으로써 승리한다'는 내용이 있습니다. 만약 등산 중에 날씨가 나빠진다면, 무리해서 생명을 위험에 빠뜨리는 것보다 예정을 변경하여 피난하는 것이 현명합니다. 한번 결정한 것을 지키는 것이 나쁜 것은 아니지만, 그 때문에 리스크가 생기는 경우는 발상을 전환하는 것이 좋습니다.

상황에 맞게 임기응변적 대응을 한다

고객이나 거래처의 요구는 등산 중에 산의 날씨와 마찬가지로 자주 바뀝니다. 미팅 시간이 변경되고, 사고로 전철이 멈춰서 발이 묶이는 등 사소한 일에 이르기까지 예정 변경은 다반사로 일어납니다. 결정된 것에 너무 집착하지 말고, 상황에 따라 가볍게 획 행동을 바꾸는 균형 감각이 필요합니다. 이러한 유연성과 빠른 변화가 승리로 이어진다고 손자는 거듭 강조합니다.

전략

10

싸우기 전에 여러 전술을 준비하라

일본 최고의 명장 다케다 신겐(武田信玄)의 군기에 쓰인 글귀로 유명한
'풍림화산'의 출처는 손자병법입니다. 원래 의미는 무엇이었을까요?

멋진 표어 중 하나인 풍림화산은 원래 손자의 말로 '풍림화산음뢰'로 이어집니다. 진격할 때는 바람처럼 빠르고, 대기할 때는 숲처럼 조용하며, 불처럼 일격에 침공하고, 산처럼 묵직하게 버티되, 어둠처럼 상대의 눈에서 숨어 천둥처럼 별안간 격렬하게 움직입니다. 여러 전술 중 '이걸로 하겠다'라고 마음먹으면 완벽하게 하라는 의미입니다.

일에 응용하는 바람·숲·불·산·어둠·천둥

손자의 '풍림화산음뢰'는 비즈니스에도 응용할 수 있다.
한 업계에 신규 진입을 고민하는 A사를 예로 들어 보자.

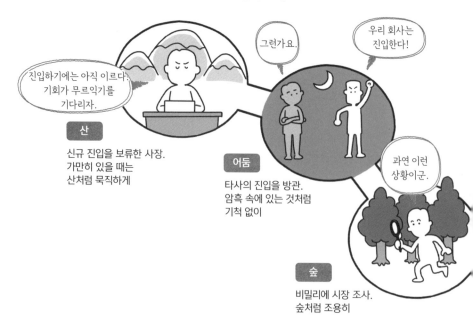

다양한 전술을 준비하되, 하려면 완벽하게 실행하고, 하지 않으려면 확실히 접습니다. 할지 말지 알 수 없는 어중간한 상태가 가장 나쁩니다. 평상시에 움직일 때는 움직이고, 기다릴 때는 기다리는 신축성 있는 행동 패턴을 몸에 익힙시다. 서류를 작성하면서 '점심은 뭘 먹지' 같은 딴생각에 빠지지 말고 단번에 서류를 완성하는 등의 작은 연습부터 실천하는 것이 중요합니다.

손자의 조언

나아갈 때는 바람처럼 빨리, 기다릴 때는 숲처럼 조용히, 공격할 때는 불타오르듯 맹렬하게, 가만히 있을 때는 산처럼 묵직해야 한다.

팔고, 팔고, 팔아라!

불

홍보 이벤트와 광고를 내세워 대대적으로 판매 개시. 공격할 때는 불길이 타오르듯이

우리 회사 신제품은 이거다!

바람

시장조사를 반영한 신제품 출시. 나아갈 때는 바람처럼 빠르게

때가 되었다! 신규 진입한다!

천둥

사장이 신규 진입을 결정. 움직일 때는 천둥소리가 울려 퍼질 듯이

결정을 내리면 전력으로 맞붙는 신축성이 중요하다.

11

적의 책략을 간파하고
전략을 찾아내라

상대를 속이는 기술도 중요하지만 속지 않는 기술도 마찬가지로 중요합니다.
표면적인 사실 뒤에 진실이 숨겨져 있습니다.

손자 시대의 전쟁에서는 교전 상대에 사신을 파견하여 협상하였습니다. 그때 적
의 장군이 소극적으로 대응하면 진격을 준비하고 있는 것이고, 강경한 태도를 보
인다면 도망갈 생각을 하는 것이라고 손자는 말하고 있습니다. 항상 매출을 다투
는 경쟁사의 영업 사원이 여유로운 태도로 말을 걸어온다면 내심 불안해서 상황
을 파악하려는 것일 수 있습니다.

상대방의 태도 이면에 있는 본질을 본다

사람은 정말 겉보기와 다른 법입니다. 겉으로 드러난 것만 보고 안다고 생각하면 경쟁자와의 줄다리기에 실패하거나 인간관계가 틀어지기도 합니다. 상대방의 진심을 간파하기 위해 필요한 것은 관찰력, 상상력, 직감력입니다. 상대의 목소리 톤이나 표정 등 작은 신호도 놓치지 않도록 합시다. 만약 '뭔가 이상하다'라고 느끼면 그 직감을 믿어야 합니다.

상대를 관찰하고 본질을 읽는다

평소에 상대를 관찰해 두면, 상대의 진심이 어떠한 형태로든
드러난다는 것을 알 수 있다.

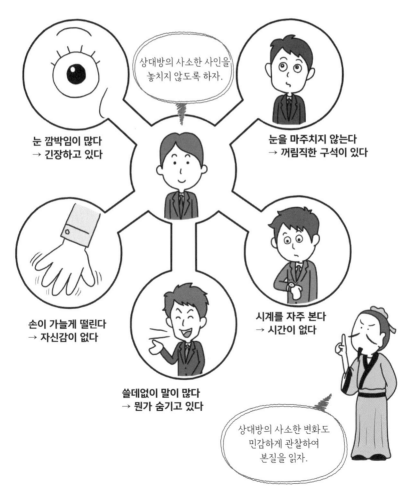

《손자》가 쓰인 시대의 중국은?

　'손자병법'이 담긴 《손자》는 기원전 5세기경에 집필된 것으로 추정됩니다. 참고로 이 시대는 책을 만드는데 종이가 사용되기 전이었기 때문에 《손자》 역시 글자가 적힌 기다란 대나무 패를 끈으로 묶어 만든 죽간의 형태였습니다. 기원전 5세기경, 약 2500년 전의 중국은 춘추시대였습니다. 그 시대에는 《손자》의 저자 손무 외에도 사상가 노자, 《논어》로 유명한 공자 등이 활약했습니다. 춘추시대는 중국 최고의 왕조로 꼽히는 은나라를 쓰러뜨린 주가 쇠퇴하면서 수많은 국가로 나뉘어 서로 치열하게 경쟁하던 시기입니다. 여러 나라가 각축을 벌이는 가운데 오나라를 강국으로 만든 사람이 《손자》를 집필한 손무입니다. 시대적 상황을 봤을 때, 그 당시에는 전쟁에서 이기기 위한 전략이 필히 요구되었고, 그 전략을 설파한 것이 《손자》입니다.

chapter 6

리더에게 필요한 자질

전쟁에서 승리하려면 아군을 통제하고
이끄는 리더십이 필요합니다.
이 장에서는 리더에게 필요한 자질을 배우고
비즈니스에 활용해 봅시다.

리더의 자질

01

리더의 마음가짐

군의 기세를 올리는 것은 지휘관의 중요한 임무입니다.
이때 조심해야 할 포인트를 파악해 둡시다.

손자는 병법 전반에 걸쳐 팀워크의 중요성을 강조하며, 병사 개인의 능력보다 군대 전체의 기세를 중시합니다. 비즈니스에서도 팀이 하나가 됨으로써 혼자서는 할 수 없는 큰 프로젝트를 성공으로 이끌 수 있습니다. 전체의 사기가 높으면, 능력이 낮은 사람도 분발해 노력할 수 있습니다. 따라서 리더는 부하들 간의 능력 차이를 크게 신경 쓸 필요가 없습니다.

팀 전체 〉 유능한 팀원 〉 개인

one point

싸움이나 비즈니스에서는 능력자가 소속된 팀이 반드시 이기는 것은 아니다. 모든 구성원이 일치단결해서 큰 힘을 내는 팀이 더 강하다.

2018년 러시아 월드컵 축구대회에서 초일류 선수 리오넬 메시를 보유한 아르헨티나 대표팀과 크리스티아누 호날두가 속한 포르투갈 대표팀이 모두 16강에서 탈락하자 스타 선수에게만 의지한 것이 패인으로 지적되었습니다. 뛰어난 구성원이 있으면 훌륭하지만, 그들의 재능에만 의존하는 것은 위험합니다. 리더는 서로 협력할 수 있는 분위기를 만드는 데 주력해야 합니다.

리더의 자질

02

리더는 비밀스러운 편이 좋다

강한 군대의 지휘관이라고 하면 부하를 엄격하게 통솔하는 호랑이 교관 같은 이미지가 떠오르지만, 손자는 그와 다른 이야기를 합니다.

손자에 따르면 뛰어난 리더는 '침착하고 심오한 사람'이라고 합니다. 원래 사람 위에 서는 사람은 앞을 내다봐야 합니다. 부하들과 같은 수준으로 생각한다면 리더로서는 실격입니다. 보통 사람이 헤아리기 어려울 만큼 심오한 생각을 하므로 대화를 나눠도 서로 이해하기 어렵습니다. 하지만 그래도 괜찮습니다. 부하직원의 신뢰는 나중에 되찾을 수 있습니다.

앞을 내다보고 움직이고 있는 리더

예를 들어, 리더는 장기 프로젝트 계획이나 인사 관련 정보 공유를 피해야 합니다. 악의가 없어도 부하직원들 사이에서 정보가 유출될 수 있기 때문입니다. 아무리 팀워크가 중요하다고 해도 하나에서 열까지 공유할 필요는 없습니다. '저 리더는 무슨 생각을 하는지 잘 모르겠지만, 따르면 반드시 좋은 일이 있다'라는 생각을 하게 만드는 것이 훌륭한 리더입니다.

뛰어난 리더는 신뢰를 받는다

○ 우매한 리더

○ 뛰어난 리더

─ 손자의 조언 ─
장군은 겉으로 평정을 유지하고, 내면의 사고는 주변 사람들이 헤아릴 수 없을 만큼 심오하다.
그 때문에 공정한 판단으로 조직을 통치할 수 있다.

리더의 자질

03

부하직원의 실수는
리더의 책임이다

한 번쯤 말해보고 싶은 카리스마 상사의 결정적 대사 '책임은 모두 내가 진다'.
뛰어난 리더는 그만큼의 각오가 되어있습니다.

병사의 탈영, 마음의 해이함, 동기 저하, 흐트러진 팀워크 같은 문제는 '모두 리더의 잘못'이라고 손자는 말합니다. 일이 잘 풀리지 않을 때, 보통 사람들은 '그 녀석이 실수한 탓이야, 정치가 문제다' 등 주위에 책임을 떠넘깁니다. 반면 뛰어난 리더는 이를 기회로 삼아 자기 자신을 직시할 수 있습니다.

팀의 문제는 리더의 책임

○ 우매한 리더 　　　　　　○ 뛰어난 리더

인간의 뇌에는 친밀한 사람의 사고나 감정을 무의식중에 따라 하는 기능이 있습니다. 팀 분위기가 혼란스러운 것은 리더인 자신의 행동이 원인일지도 모릅니다. 혹은 목표 설정이 너무 높다거나 준비가 부족하기 때문일 수 있으니 개선책을 찾아 실행하는 것이 건설적입니다. 어쨌든 회사에서 리더 역할을 맡았다면 '부하의 실수는 자신의 책임'이라고 가슴에 새겨 둡시다.

리더의 불안은 전염된다

올해는 매출이 적어 감봉인데, 집 대출금과 자녀 양육비는…

리더가 부정적인 감정을 표출하여 부하직원을 불안하게 하면 안 된다.

요즘 상사가 걱정된다.

업무가 고되. 더는 무리야.

설마 우리도 감봉일까.

내년에는 매출 10배를 목표로 할 것이다.

불안하군.

열심히 일하고 있는데…

손자의 조언 ──
군에는 도망하거나, 우울하거나, 붕괴하거나, 흐트러지거나 하는 병사들이 있다. 이들의 패인은 천재가 아니라 장군의 과실이요, 인재다.

리더의 자질

04

신뢰 관계가 구축되지 않은 부하직원 대처법

19세기 근대적 복지 제도를 처음 도입한 독일의 철혈재상 오토 폰 비스마르크가 실시한 '당근과 채찍' 정책을 손자는 2500년 전에 이미 말한 바 있습니다.

부하를 대하는 방법에 대해서, 손자는 '아직 신뢰 관계가 없는 부하를 벌하면 반발을 부른다. 반발하면 다루기 어려워진다'라고 경고하고 있습니다. 새로운 부하가 들어오면 우선 양호한 관계 형성을 우선합니다. 서로 신뢰 관계가 생겼다고 느껴질 때까지 고압적·위압적 태도는 자제해야 합니다. 시간이 좀 걸리겠지만 인내심을 가지고 절도 있고 위엄 있게 대합시다.

우선은 양호한 관계를 구축한다

한편, 신뢰 관계가 맺어진 부하를 '애지중지해서는 안 된다'라고 이야기합니다. 다정하게 대하면 교만해지는 것이 인지상정이기 때문입니다. 상사가 부하에게 양보하다 보면 직장 분위기가 느슨해져 공사 구분이 안 되고 친분이 횡행하며 일이 제대로 진행되지 않습니다. 줏대 없이 애지중지하지 말고, 지켜보고 가르치고 이끄는 것이 상사의 의무입니다. 칭찬할 때는 칭찬하고, 꾸짖을 때는 꾸짖는 신축성을 키워야 합니다.

지나치게 잘해주면 안 된다

리더의 자질

05

평소에 부하직원과의
신뢰를 키워라

사람 간의 신뢰 관계는 하루아침에 만들어지는 것이 아니라
평소에 꾸준히 쌓아가는 것입니다.

직장에서 다양한 개성을 가진 구성원들을 하나로 묶기 위해서는 규율 준수를 철저히 하는 것이 필수입니다. 단, 윗사람 관점에서 '똑바로 하라'고 명령하면 괜히 반발만 살 뿐입니다. 리더 스스로 솔선하여 규칙을 지키고 모두에게 모범을 보여야 합니다. 직책의 단맛에 취해 거만해지지 않도록 부하의 관점에서 자신을 돌아보고 직시합시다.

스스로 모범이 된다

중소기업뿐만 아니라, 대기업의 리더들이 금전 문제나 탈세, 직장 내 괴롭힘 등으로 물의를 일으켰다는 뉴스를 종종 볼 수 있습니다. 기업가가 공명정대해야 할 룰을 어겨 직원들을 불안에 빠뜨리는 행위는 용서되지 않습니다. 아무리 위대한 업적도 비리가 터지면 모두 물거품이 됩니다. 잃어버린 신뢰를 되찾는 것은 처음부터 신뢰를 쌓는 것보다 어렵습니다.

리더의 부정은 언어도단

리더의 자질

06

과도하게 몰아붙이지 말라

질타와 격려는 의욕을 끌어내는 데 도움이 되는 방법이지만,
지나치면 인간관계에 균열이 생기기 때문에 주의가 필요합니다.

손자병법에는 적군을 깊이 추격하여 발생할 수 있는 손해를 방지하기 위한 8개 항목이 있습니다. 그 중 '후퇴하는 적을 붙잡지 말라'나 '궁지에 몰아넣은 적을 공격하지 말라' 그리고 '적을 포위하더라도 최후에 도망갈 길을 남겨두라'는 부분은 평소 인간관계에도 적용할 수 있습니다. 한마디로 표현하면 '집요하게 굴지 말라'입니다.

적을 집요하게 뒤쫓지 않는다

집요하게 막다른 곳에 몰아넣다
철수하는 회사를 몰아넣으면
복수를 당할 가능성이 있다.

도망갈 길을 내어 주다
철수하는 회사에 도망갈 길
(새로운 사업)을 제안해
우호 관계를 쌓는다.

예를 들어 동료나 부하직원과 의견이 대립할 수도 있고, 감정을 상하게 할 수도 있습니다. 하지만 아무리 자신이 옳아도 상대방의 마음이 다칠 때까지 매도하거나, 약점을 잡아 불쾌하게 만드는 행위는 자제합시다. 원한 말고 얻는 것은 아무 것도 없으며, 요즘에는 직장내 괴롭힘으로 고소당할 수도 있습니다. 일부러 분쟁을 초래하는 것보다 보완해주고 응원해 주는 것이 좋은 것입니다.

몰아붙이면 반격을 받는다

07 과도한 개입은 역효과를 낸다

'군주는 군대에 개입하지 말라'고 말한 부분입니다.
군주를 상사, 군대를 현장으로 바꾸면 직장이 보입니다.

부모가 과도하게 간섭하는 육아 스타일로 키운 아이는 자주성을 기를 수 없습니다. 그런 아이는 어차피 무엇을 하던 불평을 듣게 될 것이라고 지레짐작하고 체념 모드가 되어 의욕을 잃어버립니다. 부모는 악의 없이 오히려 자식이 잘되기를 바라는 마음에서 과도하게 간섭하게 되지만, 자식 입장에서는 성가시고 번거롭습니다. 손자의 생각에 따르면 상사에게 있어서 부하는 자식과 같은 존재입니다. 과도하게 간섭하는 부정적인 부모의 모습은 아닌지 생각해봅시다.

간섭은 의욕을 저하한다

상사가 과도하게 간섭하여 부하직원이 곤란해지는 경우는 빈번합니다. 자세한 사정을 모르는 상사가 독단적인 지시를 내리면 현장은 틀림없이 혼란스러워집니다. 또한, 중간 관리직의 지휘권을 무시하고 직접 지시를 내리는 것도 좋지 않습니다. '당신을 믿을 수 없다'라는 말과 같기 때문에 관리자들의 체면을 구기게 되고 유감이 남습니다. 믿고 맡길 수 있는 용기를 가집시다.

현장 일은 현장에 맡겨라

현재 여유 인력이 없지만 노력해 보겠습니다.

자네 팀에 또 다른 일을 맡기겠네.

제가 하겠습니다.

진행 상황을 파악하고, 일이 빨리 끝나는 직원에게 맡기자.

이 팀에게 일을 더 맡겨야겠네.

관리자를 통하지 않고 직접 지시하면 곤란합니다.

현장을 모르고 하는 소리지.

지금 업무량 소화하기도 한계인데 무리야.

— 손자의 조언 —
군주가 장군의 지휘권에 간섭해서는 안 된다.

리더의 자질

08 리더로서 조심해야 할 자질에 주의하라

손자는 장군이 군대를 전멸시키는 원인으로 '필사, 필생, 분속, 염결, 애민'이 지나치기 때문이라고 경고합니다. 각각의 의미를 살펴보겠습니다.

손자는 전투를 지휘하는 데 있어 해악이 되는 다섯 가지 유형의 장군이 있다고 말합니다. ① 필사(必死) 한 발자국도 물러서지 않고 끝까지 싸우다 보면 적에게 몰살당할 수 있다. ② 필생(必生) 오로지 살아야겠다는 마음만 가진 장군은 적의 포로가 된다. ③ 분속(忿速) 장군이 화를 잘 내고 참을성이 없으며 조급하면 적의 전술에 말려든다. ④ 염결(廉潔) 청렴결백이 지나치면 융통성이 없고 완고하여 변화무쌍한 상황에 대처하지 못한다. ⑤ 애민(愛民) 부하와 백성을 사랑하는 마음이 지나치면 전투에 약해지고 적이 이를 역이용한다. 이를 비즈니스에 적용해 보겠습니다.

리더의 위험한 5가지 자질

'① 무엇이든지 근성, 정신력으로 극복하려고 한다. ② 자기 영달만 생각한다. ③ 사소한 일에 화를 잘 낸다. ④ 할 말만 한다. ⑤ 부하를 지나치게 신경 쓴다' 어떻게 보면 개성적이고 재미있는 상사라고도 할 수 있지만, 너무 지나치면 그냥 '곤란한 상사'입니다. 자신은 어떤 유형에 해당하는지 짐작되는 것이 있나요? 객관적으로 판단하고 지나치지 않도록 주의합시다.

손자의 조언 ─
장군에게는 다섯 가지 위험한 자질이 있음을 알아야 한다.

리더의 자질

09

바른말 하는 부하를 신뢰하라

손자는 '필승에 확신이 있으면 군주가 싸우지 말라고 명령해도 싸워야 하고, 반대로 필승의 확신이 없으면 군주가 공격을 명령해도 싸우지 말아야 한다'라고 말합니다.

손자가 말하길 '군주의 명령이 틀리면 따르지 말라'고 합니다. 하지만 많은 중간 관리자들은 회사의 지시니까 어쩔 수 없다고 생각할 것입니다. 정말 그럴까요? 회사 최고위 사람들은 현장 상황을 모르는 경우가 많습니다. 사장이 어려운 일을 무리하게 요구했을 때 명령을 어겨서라도 부하직원을 생각해서 행동하고, 결과적으로 회사를 위하는 일을 하는 것이 중간관리자의 역할입니다.

중간관리자의 역할

반대로 자신이 회사 사장이라고 생각해 봅시다. 부하가 자신의 의견을 반박하면 화가 날 것입니다. 하지만 이렇게 생각해 보세요. 나중에 불이익을 당할 것이 두려워 상사를 거역하지 못하는 직원은 많습니다. 그런데도 용기 있게 바른말을 하는 직원은 회사를 생각하는 소중한 인재입니다. 그런 직원의 의견에 귀를 기울이지 않고 항상 예스맨에 둘러싸여 있는 회사는 미래가 위태롭습니다.

바른말 하는 직원을 믿는다

─ 손자의 조언 ─
장군은 진격할 때 공명을 바라지 않고, 후퇴할 때 책임을 회피하지 않는다. 오직 백성을 보존하고 국가의 이익에 부합하는 일에 힘쓰니 국가의 보배가 된다.

리더의 자질

10

자상함과 엄격함으로 부하의 신뢰를 얻어라

부하를 어떻게 대해야 신뢰 관계를 맺을 수 있을까요. 들여다보면 '진정한 사랑이란 무엇인가'라는 장대한 테마로 이어지는 이야기입니다.

'장군은 병사들을 마치 사랑하는 어린 자식을 돌보는 것처럼 하여야 한다. 그럼으로써 병사들은 장군과 어느 때든 행동을 함께하며, 생사조차 함께 할 수 있게 된다'라는 감동적인 기술이 있습니다. 단, 버릇없이 교만하게 키워도 된다는 의미는 아닙니다. 정말로 진심으로 상대를 위한다면 엄격한 지도가 필요할 때도 있습니다. 상대의 성격이나 상황에 따라 당근과 채찍을 구분하는 유연성이 필요합니다.

진심으로 상대를 위한다

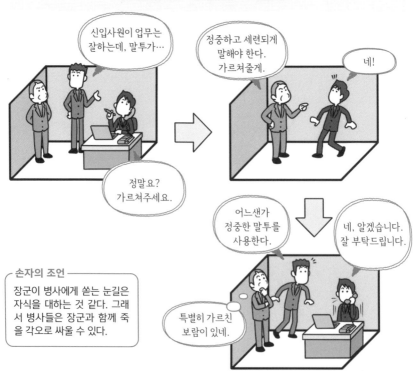

손자의 조언

장군이 병사에게 쏟는 눈길은 자식을 대하는 것 같다. 그래서 병사들은 장군과 함께 죽을 각오로 싸울 수 있다.

맹목적으로 사랑해도, 학대해서도 안 되지만, 가장 안 좋은 것은 무관심입니다. 부모와 자식 관계로 치면 육아를 포기하는 것과 같습니다. 마음이 맞지 않는 부분도 있겠지만, 직장에서는 부하직원과 원활한 관계를 맺는 것도 주어진 업무로 받아들일 수밖에 없습니다. 이기심을 버리고, 감정에 휩쓸리지 말고, 항상 사랑을 가지고 대하면 부하직원들은 반드시 따라옵니다. 애정 표현을 잘하지 못하는 사람은 상대의 이름을 제대로 외우는 작은 것부터 연습하십시오.

상대의 존재를 받아들인다

리더의 자질

11

리더가 갖춰야 할 승리에 대한 관점

기왕 같은 승리라면 매우 고심하여 아슬아슬하게 이기기보다 쉽게 이기는 것이
좋습니다. 이는 리더의 의식에 따라 가능해집니다.

적을 알고, 자신의 상황도 알고 있으면 승리는 어렵지 않다는 말이 손자병법에
반복해서 등장합니다. 경쟁사의 정보를 얻는 것은 물론이고, 자사의 실력이나 문
제점을 냉정하게 판단하면, 그때그때 형편에 따라 일을 처리하고 결과는 운에 맡
기는 것보다 승률이 월등히 올라갑니다. 게다가 손자는 '하늘의 시기를 알고 땅
의 이로움을 알면 완전한 승리를 거둘 수 있다'라고 말하고 있습니다.

시야를 넓혀 승부의 전체상을 파악한다

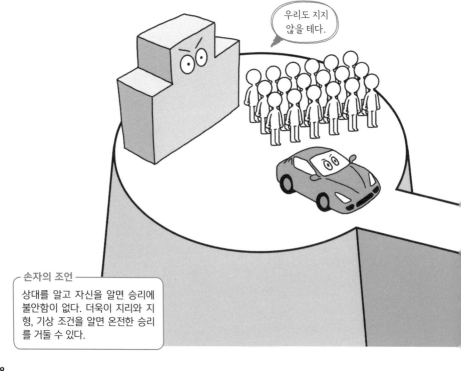

우리도 지지
않을 테다.

손자의 조언

상대를 알고 자신을 알면 승리에
불안함이 없다. 더욱이 지리와 지
형, 기상 조건을 알면 온전한 승리
를 거둘 수 있다.

168

땅은 지형, 하늘은 날씨를 가리킵니다. 즉, 자신이 지금 어떠한 입장에 있고, 시장 트랜드나 사회 환경 등 주위의 상황은 어떤지 전체적인 모습을 객관적으로 바라보면 과제의 난이도가 보입니다. 그러면 목표가 뚜렷해지고 행동에 망설임이 없어져 비용과 노력의 낭비도 막을 수 있습니다. 편하게 승리를 하기 위해서는 넓은 시야를 가지는 것이 중요합니다.

《손자》가 말하는
팀워크란?

《손자》에서는 병사들이 싸우는 환경과 컨디션을 중시합니다. 현대로 치환하면, 함께 일하는 구성원의 기력·체력이 모두 충실해야 된다는 것이겠지요. '병사가 많은 것을 이익으로 삼을 것이 아니다(병사가 많다고 좋은 것이 아니다)'라는 글도 있습니다. 여기서는 상대의 상황에 맞춰 전력을 집중하는 것에 대한 중요성도 쓰어 있습니다. 손무는 군 기강을 철저히 했다고 알려져 있는데, 《손자》에는 군사를 온정적으로 대하는 것의 중요함도 쓰어 있습니다. 부하직원이 마음속으로 기뻐하며 성심을 다하여 리더에게 순종해야 팀이 제대로 기능을 발휘한다는 것을 손무는 알고 있었습니다. 상하 간의 신뢰는 리더가 평소에 성실하게 규칙을 지켜야 생긴다고도 쓰어 있습니다. 좋은 팀워크는 평소의 인간관계에서 나오는 것입니다.

chapter 7

정보를 제압하는 사람이 승부를 제압한다

마지막은 정보를 이용해 싸우는 방법입니다.
현대도 정보사회라고 불리고 있지만,
손자 시절부터 정보는 싸움에서 이기기 위한
필수 요소였습니다.

정보

01

정보수집에 최선을 다하라

비즈니스에 있어서 정보는 생명이라고 해도 과언이 아닙니다.
이는 2500년 전 손자 시대도 마찬가지였던 것 같습니다.

손자병법의 '용간편'에서는 간첩, 즉 정보수집에 관해 기술하고 있습니다. 손자 시대의 전쟁은 간첩에 의한 정보수집이 승패를 좌우했습니다. 적보다 더 빠르게 정확하고 많은 정보를 수집할 수록 승산이 높아집니다. 따라서 정보수집에는 비용과 수고를 아끼지 않는 것이 중요합니다. 손자는 정보수집을 게을리하는 사람을 '불안하기 짝이 없다'라며 엄중하게 평가하고 있습니다.

정보수집이 승부를 좌우한다

손자는 반드시 사람으로부터 정보를 얻으라고 말합니다. 현재는 인터넷에서 모든 정보를 얻을 수 있지만, 인터넷상의 정보가 반드시 진실이라고 할 수는 없습니다. 거짓 뉴스나 근거가 부족한 소문이 횡행하고 있는 데다, 아무나 열람할 수 있는 인터넷상에 유력한 정보가 있을 리 없습니다. 가치 있는 정보를 얻기 위해서는 평소에 다양한 인맥을 쌓고, 직접 발로 뛰는 수밖에 없습니다.

직접적인 정보를 수집한다

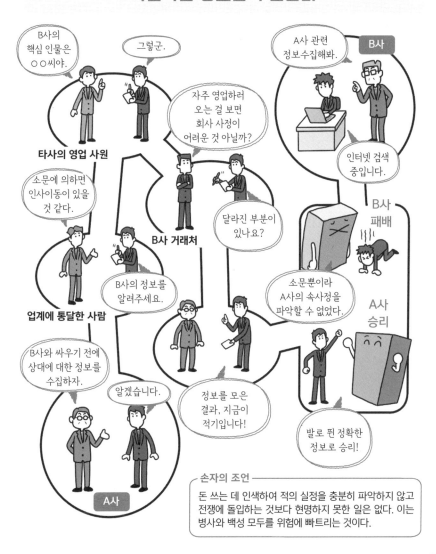

손자의 조언 —
돈 쓰는 데 인색하여 적의 실정을 충분히 파악하지 않고 전쟁에 돌입하는 것보다 현명하지 못한 일은 없다. 이는 병사와 백성 모두를 위험에 빠트리는 것이다.

정보

02

정보수집을 위한
5명의 담당을 만든다

첩자는 적의 정보를 수집합니다. 하지만 오로지 정보수집을 하는 첩자라고 해도 각기 다른 역할이 있습니다.

첩자에는 생간, 사간, 향간, 내간, 반간 등 5가지 유형이 있습니다. 생간(生間)은 적국에 잠입해 정보를 수집합니다. 비즈니스로 말하면 고객의 내부사정을 살펴보는 역할을 담당하고 있습니다. 사간(死間)은 고의로 적지에 파견한 첩자입니다. 예를 들어, 자사가 사업에서 철수한다고 경쟁사에 정보를 흘리고 방심한 틈을 타 단번에 공격하는 등의 전략을 생각할 수 있습니다.

첩자의 5가지 유형

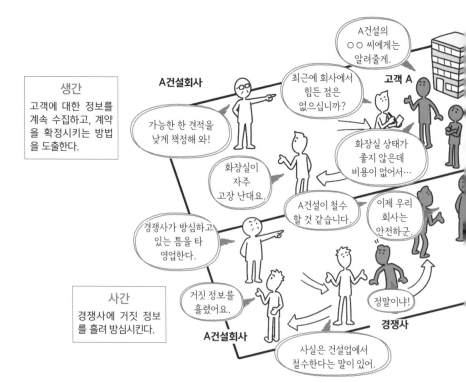

그리고 향간(鄕間)은 적국의 일반인을 기용하면 자연스럽게 탐색이 가능합니다. 즉, 고객사 지인이 유출한 정보를 수집합니다. 반간(反間)은 적국의 첩자를 매수하여 아군의 첩자로 기용한 이중간첩 같은 존재입니다. 자사의 정보를 수집하러 온 경쟁사의 영업 사원을 매수하여 정보를 수집하고, 경쟁사에 허위 정보를 유포하게 합니다. 마지막 내간(內間)은 적국의 내막을 잘 아는 관리를 매수합니다. 비유하자면 고객사 대표의 측근으로부터 정보를 얻는 것입니다.

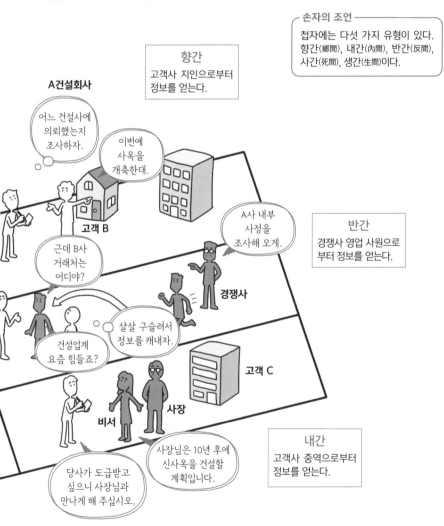

— 손자의 조언 —
첩자에는 다섯 가지 유형이 있다.
향간(鄕間), 내간(內間), 반간(反間),
사간(死間), 생간(生間)이다.

향간
고객사 지인으로부터
정보를 얻는다.

A건설회사

어느 건설사에
의뢰했는지
조사하자.

이번에
사옥을
개축한대.

고객 B

A사 내부
사정을
조사해 오게.

반간
경쟁사 영업 사원으로
부터 정보를 얻는다.

근데 B사
거래처는
어디야?

경쟁사

건설업계
요즘 힘들죠?

살살 구슬려서
정보를 캐내자.

고객 C

사장

비서

당사가 도급받고
싶으니 사장님과
만나게 해 주십시오.

사장님은 10년 후에
신사옥을 건설할
계획입니다.

내간
고객사 중역으로부터
정보를 얻는다.

정보수집은 우수한 직원에게 맡겨라

손자에 의하면 혼자서만 노력하는 사람은 뛰어난 군주와 장군이
될 수 없다고 합니다. 도대체 어떤 이야기일까요?

손자 때 군주의 인정을 받고 나중에 재상에까지 오른 인물은 원래 첩자로 활약했
습니다. 손자는 가장 신임할 수 있는 심복을 첩자로 삼아야 한다고 말했습니다.
따라서, 우수한 인재들이 첩자의 역할을 수행했습니다. 싸움에 이기기 위해서는
적의 약점과 내부 사정을 깊이 알아야 합니다. 첩자를 통해 입수한 정보로 사전
에 적의 의도를 알고 동향을 파악할 수 있기 때문에 승리를 거둘 수 있었습니다.

정보수집은 인재에게 맡긴다

아무리 천재라고 인정받는 사람이라도, 세상의 모든 것을 파악하고, 이해할 수 없습니다. 하물며 현대 사회는 인터넷을 통해 항상 새로운 정보가 홍수처럼 넘치고 있습니다. 성실하고 정보수집 능력이 뛰어난 리더여도 시간이 모자랄 지경입니다. 훌륭한 리더란 이런 실상을 알고 우수한 부하직원을 모아 잘 운용할 수 있는 사람을 말합니다.

리더의 뛰어난 조건

뛰어난 리더

우수한 부하직원을 기용해 전 세계의 정보를 모은다.

아주 좋은 정보를 입수했습니다.

혼자서 정보를 수집하는 데는 한계가 있으니 부하직원과 협력하자.

상사를 위해서 열심히 하자.

영차!

남미에도 좋은 정보가 있다.

아프리카 시장을 조사하고 오겠습니다.

우수한 부하들을 잘 다룰 수 있는 사람은 오직 훌륭한 리더뿐이다.

우매한 리더

자기 혼자서 정보를 수집하다 피폐해져 버린다.

혼자 정보를 수집 하기는 무리다.

하아, 피곤하다.

┌─ 손자의 조언 ─
뛰어난 군주와 장군은 인재를 첩자로 기용하여 큰 성공을 거둔다.

치명상이 될 수 있는 정보 유출

다양한 정보를 다루는 기업에서 정보 유출이 발생하면 치명적인 손상을
입게 됩니다. 손자 시대에도 정보 유출은 문제시되었습니다.

손자는 '정보가 유출되면 누설한 본인 외에 그 정보를 안 자도 사형에 처한다'라
고 말합니다. 간혹 특정 기업에서 정보를 유출하여 물의를 일으키는 경우가 있습
니다. 정보 누설로 발생하는 피해는 결코 용서되는 것이 아닙니다. 손자 시대와
달리 현대 기업들은 다양한 보안 시스템으로 정보를 엄중하게 관리하고 있지만,
직원 개개인의 의식 개혁도 중요합니다.

정보 보안 관리에 철저해야 한다

기업 정보 유출의 대부분은 내부 관계자에 의한 관리 소홀이나 오작동 등이 원인이라고 합니다. 예를 들어 술에 취해 회사의 중요한 정보를 말했는데 주변의 누군가가 들었다면, 그 시점에서 정보는 유출된 것입니다. 손자 시대라면 참수형입니다. 정보는 전쟁과 비즈니스 승부에 매우 중요합니다. 따라서 사원 개개인이 정보 보안의 중요성을 충분히 인식해야 합니다.

— 손자의 조언 —
정보가 유출되면 누설한 본인 외에 그 정보를 안 자도 사형에 처한다.

정보

05

적의 핵심 인물을 파악하라

싸움이나 일을 원활히 진행하기 위해서는 상대방의 핵심 인물을 파악하는 것이 중요합니다.

전쟁이나 비즈니스에서 효율적인 승리를 거두는 것은 중요합니다. 그러기 위해서는 상대의 핵심 인물을 특정하는 것이 유효합니다. 핵심 인물이란 바로 현장의 결정권을 가진 인물입니다. 예를 들어 어느 기업에 영업하러 갔을 경우, 담당자에게 권한이 없으면 그 자리에서 계약이 성사되지 않습니다. 그러나 담당자가 핵심 인물이라면 계약이 순조롭게 이루어질 수 있습니다.

핵심 인물을 공략하면 효율적으로 이길 수 있다

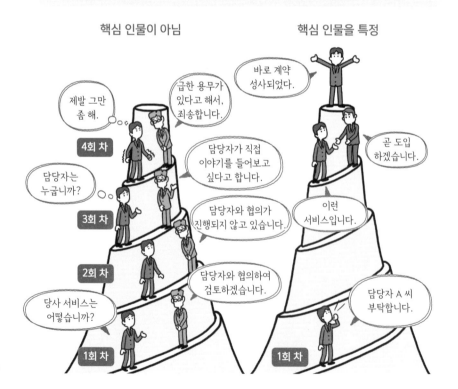

하지만 상대의 핵심 인물을 단번에 판별하기는 어렵기 때문에 조사가 필요합니다. 손자는 적의 호위관이나 측근들의 성명까지 알아두라고 말합니다. 영업처에 인사하러 갔을 때, 담당자에게 직접 물어보는 것이 유효합니다. "A 씨 외에, 인사해 두면 좋을 만한 분이 계십니까?" 등의 질문으로 눈앞에 있는 담당자가 서운하지 않게 핵심 인물을 특정하고, 다음번 영업에 대비합시다.

정보수집으로 핵심 인물를 판별한다

'직급이 높은 사람=핵심 인물'은 아니기 때문에 다양한 조사가 필요하다.

최근에 인사이동이 있었습니다.

사업부의 F에게 가보게~

A 씨나 B 씨가 결정권을 가지고 있습니다.

접수처에서도 정보를 수집하자.

다른 어느 분에게도 인사드리면 될까요?

A사의 거래처에도 물어보자.

이번에 인사하러 갈 A사의 핵심 인물을 찾아보자.

핵심 인물을 찾을 수 있을까?

인터넷으로 영업처 체크

one point

영업처에 인사하러 갔을 때, 핵심 인물을 특정하려면 담당자 A에게 "A 씨가 당사 서비스를 다른 분에게 소개할 때 추가 자료가 필요할까요?" 등의 방법으로 물을 수 있다.

손자의 조언
적이 있으면 반드시 먼저 수비의 임무를 맡은 장수, 측근, 알현하는 자, 문지기, 시중드는 자의 성명과 성격, 행동 등을 알아두고, 첩자에게 명해 더 상세한 정보를 얻도록 해야 한다.

06
특수 공격으로 적을 이겨라

손자는 불로 공격하는 '화공'과 물로 공격하는 '수공'의 원리에 관해서
설명하고 있는데, 비즈니스로 대체하면 다양한 해석이 가능합니다.

작은 불씨로 큰 화재를 일으킬 수 있는 '화공'은 비즈니스로 말하면 인력이나 비
용을 들이지 않고 큰 효과를 기대할 수 있는 전법입니다. 하지만 무조건 불을 놓
아 실패하면 아군도 큰 타격을 입게 되므로 지혜를 짜내서 잘 활용해야 합니다.
반면, 수공은 강물을 이용하여 적군을 가라앉히는 전법입니다. 화공과는 반대로
많은 인력이 필요하기 때문에 중소기업보다 대기업에 적합한 전법이라고 할 수
있습니다.

비용이 드는 수공, 비용이 들지 않는 화공

화공과 수공은 어떤 비즈니스 전략일까요? 수공은 많은 인력과 비용을 들여 각종 미디어에 상품이나 서비스를 홍보하는 광고 전략이라고 할 수 있습니다. 반면, 화공은 고객층이나 지역을 좁히는 집중 마케팅에 해당합니다. 예를 들어 의류 매장에서 자금 여유가 있는 중장년층으로 타깃을 좁히고, 고급스러운 귀금속으로 구색을 갖추어 이익을 얻는 전략 등입니다.

비즈니스에서의 화공·수공

정보
07

이익을 기대할 수 없는
싸움은 피하라

손자는 '이익에 걸맞지 않은 전쟁은 일으키지 않는다'고 말하고 있습니다.
즉, 쓸데없는 싸움은 하지 않는다는 뜻입니다. 어떤 의미를 담고 있을까요?

예를 들어 식당이 신규 고객을 유입하기 위해 '전단을 대량으로 배포하는 작전'을 감행한다고 가정하면 됩니다. 모든 사원에게는 정해진 할당량이 있고, 개점 시간 바로 전까지 배포해야 합니다. 그래서 한 장이라도 더 소화하려고 직원들은 신규 고객이나 타깃 층이 아닌 사람에게도 전단을 나눠줍니다. 그러면 큰 비용을 써서 전단을 제작하고 배포했음에도 신규 고객 유치 효과는 미비해집니다.

신규 고객이 늘지 않는 전단 배포

전단 홍보의 기본 목적은 새로운 고객을 유치하고 매출을 올리는 것입니다. 그런데 배포에만 집중하면, 다음 단계로 수행해야 할 첫 방문 고객의 재방문율을 높이는 서비스에 소홀하게 됩니다. 전단 배포는 어디까지나 매출을 늘리기 위한 수단입니다. 최종 목적을 잃고 눈앞의 수단에 집중해 버리면 비용과 노력을 낭비하게 됩니다.

수단이 아니라 목적에 주력한다

08 충동적으로 움직여서는 안 된다

손자 시대의 전쟁에서는 일시적인 감정으로 행동하는 것은 위험한 행위였습니다.
현대 비즈니스 상황으로 대체해 보면 어떨까요?

누구나 충동구매를 한 경험이 있을 것입니다. 잘 생각해 보니 '실패했다'라며 침울해질 수 있습니다. 예를 들어, 주식 매매는 장기적인 플랜을 전망하지 않으면 안 됩니다. 주식시장에서는 아무리 뛰어난 종목이라도 시세에 따라 하락할 수 있습니다. 당장 여유 자금이 있다고 앞뒤 생각하지 않고 매수해버리면, 자금이 부족해졌을 때 후회할 수도 있습니다.

충동을 조절한다

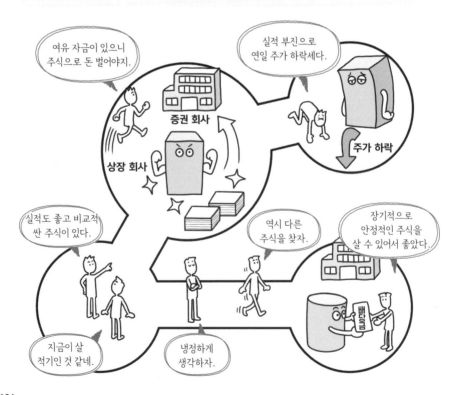

물론 주식 매매에는 빠른 결단력도 중요합니다. 비즈니스에서도 '절대 지지 않겠다'라는 기세로 승부에 임할 때가 있을 것입니다. 손자가 전하고 싶은 것은 어디까지나 그 자리에서 감정만으로 판단하고 움직여서는 안 된다는 것입니다. 항상 어디에서든지 객관적으로 자신을 바라보고 있어야 합니다. 일시적인 감정을 억누르고, 이익이 있는지, 승리에 확신이 있는지 판별한 후에 싸워야 합니다.

항상 자신을 냉정하게 판단한다

정보

09

싸움으로 잃은 것은 되찾을 수 없다

손자병법을 바탕으로 지지 않는 법을 배워왔습니다.
그럼 혹시 졌을 때는 어떻게 대처해야 할까요?

전쟁은 많은 것을 파괴하는 행위이며 전쟁에서 잃은 것은 돌아오지 않습니다. 하지만 반대로 말하면 파괴되지 않고 잃지만 않으면, 처음부터 다시 시작할 수 있다는 것입니다. 예를 들어, 업무상 실수로 인해 클라이언트를 화나게 했다고 가정해 봅시다. 상사에게 질책을 받고 자존심이 몹시 상할 것입니다. 하지만 그 상황에서 '다음에는 기필코!'라고 다짐하고 잘 해낼 힘이 있다면, 싸움에서 지지 않았습니다.

지지 않고 싸우는 것

'나라는 한번 멸망하면 다시 일으킬 수 없고, 죽은 사람은 다시 살릴 수 없다'라고 손자는 말합니다. 그러므로 모든 것을 잃는 실패는 피해야 합니다. 실패해도 좋습니다. 다시 도전할 힘이 있으면 승산은 남아있습니다. 비즈니스는 전쟁의 연속입니다. 피폐하기도 하지만, '지지 않는다'는 정신을 가슴에 새기고 경쟁 사회를 살아나갑시다.

절대 포기하지 말고 승리의 기회를 잡자.

패배

제일 큰 거래처가 계약을 철회했네!

회사에 큰 손해를 입혀 회생 불가다.

지지 않는다

서류가 잘못됐어. 정신 차려!

변함없이 상사에게 혼나지만, 지지 않고 열심히 해야지!

앞으로도 계약합시다.

물의를 일으켜서 죄송합니다…

죄송합니다.

노력한 보람으로 중요한 계약을 체결했다.

일은 더디지만, 열심이니 응원한다.

일은 엉성하지만, 열심히 노력한다.

── 손자의 조언 ──
나라는 한번 멸망하면 다시 일으킬 수 없고, 죽은 사람은 다시 살릴 수 없다. 그러므로 현명한 군주는 전쟁에 신중을 기하고, 훌륭한 장군은 싸움에 앞서 깊이 경계한다.

《손자》가 전하고 싶은 것

　《손자》에는 '백번 싸워 백번 이기는 것만이 최선의 방법이 아니다. 싸우지 않고 적을 온전히 굴복시키는 것이 최선의 방법이다'라는 말이 있습니다. 싸움을 위한 책인 《손자》임에도 싸우지 않는 것도 전략이라고 권하고 있는 셈입니다. 병법서이기에 '싸우는 것', '승리하는 것'을 무엇보다도 중시하고 있다고 생각할지도 모르지만, 《손자》를 읽으면 저자 손무가 '살아남는 것'을 중요하게 여겼음을 알 수 있습니다. 지난날의 역사를 연구했고, 자신도 난세를 살았던 손무는 지금은 이기지 못해도 완패하지 않고 살아남기만 하면, 언젠가 다시 기회가 온다는 것을 알고 있었던 것은 아닐까요.

🌀 주요 참고 문헌

《중요한 것은 손자병법에서 모두 가르쳐 준다》 나가오 카즈히로(KADOKAWA)

《최고의 전략교과서 손자》 모리야 아츠시 저(일본경제신문 출판사)

《초역 손자병법 '마지막에 이기는 사람'의 절대 규칙》 타구치 요시후미(미카샤 쇼보)

《초역 손자병법》 허성준(사이즈샤)

《'도해' 당장 쓸 수 있다! 손자병법》 스즈키 히로키(프레지던트사)

《강하고 유연한 마음을 기르다! 손자병법》 사이토 다카시 감수(일본도서센터)

BUSINESS NI TSUKAERU!
SONSHI NO HEIHOU MIRUDAKE NOTE by KAZUHIRO NAGAO

Copyright ⓒ 2019 by KAZUHIRO NAGAO
Original Japanese edition published by Takarajimasha,Inc.
Korean translation rights arranged with Takarajimasha,Inc.
Through BC Agency., Korea.
Korean translation rights ⓒ 2020 by THE QUESTION

일러스트로 바로 이해하는
가장 쉬운 손자병법

초판 2쇄 발행 • 2021년 6월 15일

감수 • 나가오 카즈히로(長尾一洋)
옮긴이 • 서희경
펴낸이 • 김순덕
디자인 • 정계수
펴낸곳 • 더퀘스천
출판등록 • 2017년 10월 18일 제2019-000107호
주소 • 경기도 고양시 일산서구 산율길 42번길 13
전화 • 031-721-4248 / 팩스 031-629-6974
메일 • theqbooks@gmail.com

ISBN 979-11-967841-4-0(04320)
ISBN 979-11-967841-2-6(세트)

이 도서의 국립중앙도서관 출판예정도서목록(CIP)은
서지정보유통지원시스템 홈페이지(http://seoji.nl.go.kr)와
국가자료공동목록시스템(http://www.nl.go.kr/kolisnet)에서 이용하실 수 있습니다.
(CIP 제어번호: CIP2020020888)